중심 문장과 뒷받침 문장 알기 ❶

🌰 다음 글에서 중심 문장은 무엇인가요? ㉠~㉤ 중 중심 문장을 찾아 ◯표 하세요.

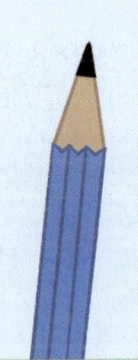

㉠ 우리 반 친구들의 취미는 다양하다. ㉡ 수연이의 취미는 춤을 추는 것이다. ㉢ 지안이의 취미는 마술을 연습하는 것이다. ㉣ 마지막으로 정우의 취미는 배드민턴 치기이다. ㉤ 다른 친구들의 취미도 알아보아야겠다.

이 글의 중심 문장은 (㉠, ㉡, ㉢, ㉣, ㉤)이다.

글은 문단으로 이루어져 있고, 문단은 문장으로 이루어져 있어요. 각 문단에는 글쓴이가 말하고 싶은 하나의 중심 생각이 담긴 문장과 그 중심 생각을 뒷받침해 주는 문장이 있어요. 이것을 각각 중심 문장과 뒷받침 문장이라고 해요. 중심 문장과 뒷받침 문장을 파악하며 글을 읽으면 글쓴이의 생각을 더 잘 이해할 수 있어요. 자, 이제 중심 문장과 뒷받침 문장을 파악하며 글을 읽는 연습을 해 볼까요?

 **1** 다음 글을 읽고, 중심 문장과 뒷받침 문장을 파악해 보세요.

㉠나라마다 빠진 젖니를 다루는 방법이 다릅니다. ㉡미국에서는 빠진 이를 베개 밑에 두고 잡니다. ㉢그러면 잠든 사이에 이빨 요정이 방에 와서 내 이를 가져가고 그 자리에 용돈을 두고 간다고 생각합니다. ㉣코스타리카는 빠진 이를 예쁜 귀걸이로 만듭니다.

– 셀비 빌러 글, 공경희 옮김, 『이가 빠지면 지붕 위로 던져요』 중에서

 무엇에 대해 설명한 글인가요? (   )

① 용돈을 쓰는 방법
② 미국과 코스타리카의 위치
③ 이를 귀걸이로 만드는 방법
④ 나라마다 이를 빼는 다른 방법
⑤ 나라마다 다른 빠진 젖니를 다루는 방법

 💡 중심 문장은 문단 내용을 대표하는 문장으로, 문단의 앞이나 뒤에 있는 경우가 많아요.
㉠~㉣ 중에서 이 글의 중심 문장은 무엇인가요? (   )

① ㉠   ② ㉡   ③ ㉢   ④ ㉣   ⑤ ㉠, ㉣

 💡 뒷받침 문장은 예를 드는 방법으로 중심 문장을 도와주는 문장이에요.
㉠~㉣의 관계를 생각하며 빈칸에 알맞은 기호를 쓰세요.

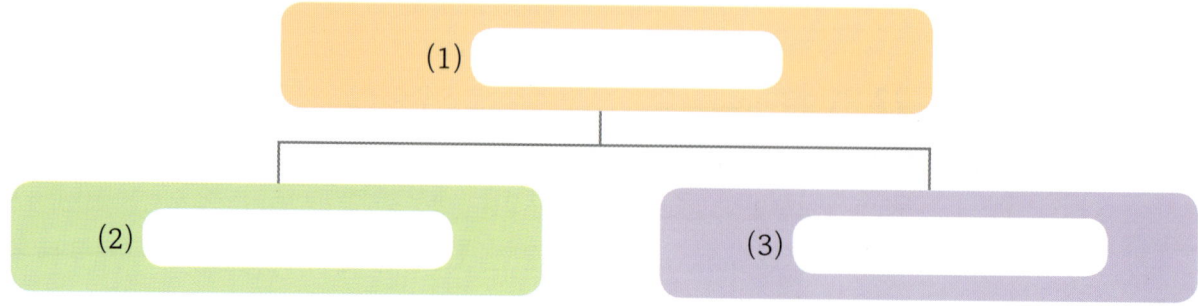

 **2** 다음 글을 읽고, 중심 문장과 뒷받침 문장을 파악해 보세요.

㉠물은 우리에게 여러 가지 도움을 줍니다. 사람을 비롯하여 동물, 식물 등 모든 생명체가 생명을 유지하는 데 물은 꼭 필요합니다. 또 물은 세수하거나 손 씻을 때, 목욕할 때 등과 같이 더러운 것을 씻어 내거나 우리의 몸을 깨끗이 할 때에도 쓰이지요. ㉡빨래, 설거지, 청소를 할 때에도 물이 쓰입니다. ㉢물이 높은 곳에서 떨어질 때 발생하는 힘을 이용하여 전기를 만들 수도 있습니다. 공장에서 물건을 만들 때 나오는 열을 식히거나 재료 및 제품을 세척하는 데에도 물이 쓰이지요. ㉣농사를 지을 때에도 물이 있어야 농작물이 잘 자랍니다.

 💡 중심 문장은 글에서 가장 핵심적인 내용이에요.
㉠~㉣을 중심 문장과 뒷받침 문장으로 구분하여 기호를 쓰세요.

(1) 중심 문장 · (   )
(2) 뒷받침 문장 · (   )

이 글에서 뒷받침 문장이 하는 역할을 바르게 설명한 것에 ◯표 하세요.

(1) 물을 아껴 써야 하는 까닭을 자세히 설명하고 있다. · · · · · · · · · · · · · · · · · · (   )
(2) 물이 우리에게 어떤 도움을 주는지 알기 쉽게 예를 들어 설명하고 있다. · · · (   )

이 글의 내용으로 알맞은 것은 무엇인가요? (   )

① 물은 우리에게 큰 도움을 주지 않는다.
② 물이 고여 있을 때 발생하는 힘으로 전기를 만든다.
③ 물이 많으면 농사를 망치게 되므로 물은 적은 것이 좋다.
④ 공장에서 물건을 만들 때 나오는 열을 식히기 위해 물이 필요하다.
⑤ 식물은 스스로 물을 만들어 내므로 식물에게 물은 꼭 필요한 것이 아니다.

잘못 쓰기 쉬운 말

○ 다음 그림을 보고, 빈칸에 들어갈 말을 맞춤법에 맞게 쓴 것을 골라 ⭕표 하세요.

새로 산 (   )가 푹신하다.

| 배개 | 베개 |

그녀는 커다란 (   )를 자주 하고 다닌다.

| 귀거리 | 귀걸이 |

아버지께서 (   )를 하신다.

| 설거지 | 설겆이 |

여행을 떠나는 날이 (   )인지 확인했다.

| 며칠 | 몇일 |

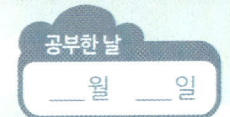

중심 문장과 뒷받침 문장 알기 ❷

🌳 **다음 글을 읽고 물음에 답해 봅시다.**

> ㉠씨앗을 퍼뜨리는 방법은 식물마다 다릅니다. ㉡민들레는 가벼운 솜털 모양의 씨앗을 만들어 씨앗이 바람을 타고 멀리 날아갈 수 있도록 합니다. ㉢봉선화 열매는 익으면 저절로 터져서 씨앗이 흩어집니다. ㉣도깨비바늘은 동물의 털이나 사람의 옷에 달라붙어 멀리 옮겨 갈 수 있습니다. ㉤참외는 동물들이 먹고 다른 곳으로 가서 똥을 누면 멀리 퍼지게 됩니다.

1 ㉠~㉤에 대한 설명으로 알맞지 <u>않은</u> 것은 무엇인가요? (   )

① ㉠은 문단 내용을 대표하는 문장이다.
② ㉡은 뒷받침 문장이다.
③ ㉢은 중심 문장을 덧붙여 설명한 문장이다.
④ ㉣은 글쓴이의 중심 생각이 드러나는 문장이다.
⑤ ㉤은 중심 문장의 내용을 예를 들어 설명한 문장이다.

2 이 글의 내용을 바르게 이해한 친구의 이름을 쓰세요.

> 아현: 씨앗을 퍼뜨리는 방법은 모든 식물이 똑같아.
> 민재: 봉선화는 씨앗이 바람을 타고 날아가 씨앗을 퍼뜨려.
> 현진: 참외는 동물들이 먹고 다른 곳으로 가서 똥을 누어서 씨앗을 멀리 퍼뜨려.

(   )

다음 글을 읽고 물음에 답해 봅시다.

1 우리가 아는 모든 생물에게 물은 생명을 유지하는 데 반드시 필요한 물질입니다. 그래서 바다와 강, 호수, 연못뿐만 아니라 빗물이 고인 작은 웅덩이까지 물이 있는 곳이라면 다양한 생물이 살아갑니다. 다만 어떤 종류의 생물이 사는지가 다를 뿐이지요.

2 빗물이 고인 작은 병 속에는 아무 생물도 없다고요? 혹시 너무 작아서 안 보이는 건 아닐까요? 맨눈으로는 볼 수 없는 작은 생물까지 포함하면 자연적인 상태의 물이 있는 곳에는 어떤 형태로든 생물이 산다고 보아도 좋을 것입니다.

3 물에 사는 생물들은 살아가는 모습에 따라서 크게 세 가지로 나뉩니다. 바닥 생활을 하는 생물, 헤엄을 치는 생물, 그리고 떠다니는 생물이 있습니다. 이 가운데 물에 둥둥 떠다니는 생물을 통틀어서 '플랑크톤'이라고 합니다.

4 플랑크톤이라고 해서 모두 물에 가만히 떠 있기만 하는 것은 아니며, 어떤 종류는 스스로 헤엄치기도 합니다. 그러나 운동 능력이 워낙 약해서 물의 흐름을 거슬러 이동할 수는 없습니다. 그러므로 물속에 사는 아주 작은 생물들은 모두 플랑크톤이라고 생각할 수 있습니다. 해파리처럼 제법 큰 생물이라도 물의 흐름을 거슬러 헤엄칠 수 없다면 모두 플랑크톤으로 분류합니다.

▲ 해파리

– 김종문, 『플랑크톤의 비밀』 중에서

3 이 글의 중심 낱말을 찾아 네 글자로 쓰세요.

(   )

4 빗물이 고인 작은 병 속에 아무 생물도 보이지 않는 까닭은 무엇인가요? (   )

① 어떤 생물도 없어서   ② 크기가 너무 작아서

③ 투명한 생물이 들어 있어서   ④ 빗물에는 어떤 생물도 살지 못해서

⑤ 작은 병에는 생물이 들어가지 못해서

5 물에 사는 생물을 어떻게 나눌 수 있는지 이 글에서 찾아 빈칸에 알맞은 말을 쓰세요.

(   ) 생활을 하는 생물, (   )을 치는 생물, 떠다니는 생물

6 플랑크톤에 대한 설명으로 알맞지 <u>않은</u> 것은 무엇인가요? (   )

① 스스로 헤엄치는 것도 있다.

② 해파리도 플랑크톤으로 분류된다.

③ 물에 떠다니는 생물을 통틀어 일컫는 말이다.

④ 물속에 사는 아주 작은 생물들은 모두 플랑크톤이다.

⑤ 운동 능력이 있어 물의 흐름을 거슬러 이동할 수 있다.

7 **1**~**4** 문단의 중심 내용을 알맞게 정리하지 <u>못한</u> 문장의 기호를 쓰세요.

ㄱ **1** 문단: 모든 생물에게 물은 생명을 유지하는 데 반드시 필요한 물질이다.

ㄴ **2** 문단: 빗물이 고인 작은 병 속에는 아무 생물도 없다.

ㄷ **3** 문단: 물에 둥둥 떠다니는 생물을 통틀어서 '플랑크톤'이라고 한다.

ㄹ **4** 문단: 해파리처럼 큰 생물이라도 물의 흐름을 거슬러 헤엄칠 수 없다면 모두 플랑크톤으로 분류한다.

(   )

한 문장 마무리

8 빈칸에 알맞은 말을 써서, 이 글의 내용을 정리해 보세요.

☐ 이 있는 곳이라면 어떤 형태로든 생물이 살 수 있는데, 그중에 물에 떠다니는 생물을

통틀어 ☐☐☐☐ 이라고 합니다.

꾸며 주는 말

다음 그림을 보고, 꾸며 주는 말을 보기 에서 골라 빈칸에 알맞게 쓰세요.

보기	가만히	넉넉히	빼곡히	황급히

아이들이 교실에 ☐☐☐ 앉아 있다.

책장에 책이 ☐☐☐ 꽂혀 있다.

사냥꾼을 발견한 토끼가 ☐☐☐ 달아 났다.

할머니께서는 김장 김치를 ☐☐☐ 담 가 나누어 주셨다.

1주 2일
정답 확인

오늘 나의 실력을 평가해 봐!

🦁 부모님 응원 한마디

_____

중심 문장과
뒷받침 문장 알기 ❸

🌳 다음 글을 읽고 물음에 답해 봅시다.

가 ㉠봄이 오면 우리 마을에 여러 가지 꽃이 핍니다. ㉡학교 가는 길에는 노란 개나리가 활짝 핍니다. 학교 운동장가에는 목련이 하얗게 핍니다. ㉢마을 앞산 이곳저곳에는 분홍 진달래가 핍니다.

나 ㉣여름이 되면 우리 마을에는 과일이 탐스럽게 익어 갑니다. 새콤달콤한 자두가 탐스럽게 익어 갑니다. ㉤그리고 살구나무에 주렁주렁 달린 살구가 익어 갑니다. ㉥과수원에는 달콤한 복숭아가 익어 갑니다.

1 **가** 문단의 내용을 대표하는 문장을 찾아 기호를 쓰세요.

(   )

2 **나** 문단에서 가장 중요한 내용을 담고 있는 문장을 찾아 기호를 쓰세요.

(   )

3 다음은 **1**과 **2**에서 답한 문장이 중심 문장인 까닭을 설명한 것입니다. 빈칸에 들어갈 알맞은 말을 찾아 순서대로 쓰세요.

> **가** 문단은 (   )이 오면 우리 마을에 피는 여러 가지 (   )에 대해 설명하고 있고, **나** 문단은 (   )이 되면 우리 마을에 익어 가는 (   )에 대해 설명하고 있다. 따라서 **1**과 **2**에서 답한 문장이 각각 **가** 문단과 **나** 문단의 내용을 대표하고 있기 때문에 중심 문장이다.

🌳 **다음 글을 읽고 물음에 답해 봅시다.**

1 개는 사람과 가장 가까운 동물입니다. 사람들은 먼 옛날부터 개를 길렀습니다. 원래 개는 이리처럼 사나운 짐승이었는데, 사람과 가까이 살면서 온순하게 길들여졌다고 합니다.

2 개의 생김새는 여러 가지입니다. 송아지만큼 커서 보기만 해도 겁이 나는 개가 있고, 고양이보다 작아서 무척 귀여운 개도 있습니다. 또 주둥이가 긴 개도 있고, 짧은 개도 있습니다. 귀를 쫑긋 세우고 꼬리를 위로 말아 올려 늠름하게 보이는 개가 있는가 하면, 귀가 커서 축 늘어진 개도 있습니다. 털 색깔도 흰색, 누런색, 검은색 등 여러 가지가 있습니다.

3 개는 소리를 잘 듣습니다. 먼 데서 나는 소리를 사람보다 훨씬 잘 들을 수 있습니다. 가끔 개가 밤에 자다가도 벌떡 일어나 큰 소리로 짖는 것을 볼 수 있습니다. 개는 사람이 듣지 못하는 아주 작은 소리를 들을 수 있기 때문입니다.

4 개는 냄새도 잘 맡습니다. 들길을 가던 개가 갑자기 멈추어 서서 코를 땅에 대고 킁킁거리며 냄새를 맡을 때가 있습니다. 때로는 그곳을 열심히 파헤치기도 하는데, 이것은 땅속에 있는 두더지나 들쥐의 냄새를 맡았기 때문입니다. 멀리 나갔다가 되돌아올 때에도 냄새를 맡으면서 집을 찾아온다고 합니다.

5 개는 영리하고 충성스럽습니다. 주인의 생각을 알아차리는가 하면, 발소리만 듣고도 주인을 알아봅니다. 또 집을 지키고 심부름을 하기도 합니다. 사냥을 돕는 개도 있고, 앞을 보지 못하는 사람을 돕는 개도 있습니다. 주인이 위험한 일을 당하였을 때, 재빨리 뛰어들어 주인을 보호하는 경우도 있습니다.

4 이 글의 내용으로 알맞지 <u>않은</u> 것은 무엇인가요? (   )

① 개의 크기는 다양하다.
② 개는 영리하고 충성스럽다.
③ 개는 작은 소리도 잘 듣는다.
④ 사람들은 최근에 개를 기르기 시작하였다.
⑤ 개는 냄새를 잘 맡아 냄새를 맡으면서 집을 찾을 수 있다.

5 개가 땅을 파헤치는 행동을 하는 까닭은 무엇인가요? (   )

① 발이 간지러워 긁기 위해서

② 시끄러운 소리를 들었을 때 화가 나서

③ 주인이 돌아왔을 때 반가움을 표시하려고

④ 땅속의 두더지나 들쥐의 냄새를 맡았기 때문에

⑤ 땅속에서 나는 아주 작은 소리를 들었기 때문에

6 개의 영리하고 충성스러운 성격을 알 수 있는 내용이 <u>아닌</u> 것은 무엇인가요? (   )

① 주인의 생각을 잘 알아차린다.　　② 주인을 위험에서 보호하기도 한다.

③ 주인의 발소리를 알아들을 수 있다.　　④ 심부름은 못하지만 집을 잘 지킨다.

⑤ 사냥을 돕거나 몸이 불편한 사람을 돕기도 한다.

7 각 문단의 중심 문장으로 알맞은 것을 찾아 선으로 이으세요.

1 문단	•	•	개는 소리를 잘 듣습니다.
2 문단	•	•	개는 냄새도 잘 맡습니다.
3 문단	•	•	개는 영리하고 충성스럽습니다.
4 문단	•	•	개의 생김새는 여러 가지입니다.
5 문단	•	•	개는 사람과 가장 가까운 동물입니다.

한 문장
마무리

8 알맞은 말에 ○표 하여, 이 글의 내용을 정리해 보세요.

> 사람과 가장 가까운 동물인 개의 (색깔, 특성)은 여러 가지입니다.

성격을 나타내는 말

○ 다음 그림을 보고, 문장에 어울리는 말을 골라 ○표 하세요.

우리 집 강아지는 매우
(난폭하다, 온순하다).

지우는 머리가 매우
(소심하다, 영리하다).

민아는 성격이 밝고
(거만하다, 쾌활하다).

놀부는 부자이지만 나눔에 매우
(상냥하다, 인색하다).

중심 문장과 뒷받침 문장 알기 ❹

1주 4일

🌳 **다음 글을 읽고 물음에 답해 봅시다.**

> 스케이트와 인라인 스케이트는 공통점과 차이점이 있습니다. 스케이트는 가죽으로 만든 신발의 밑창에 금속 날을 붙여 만든 것입니다. 스케이트의 금속 날은 강철을 얇게 펴서 만든 것입니다. 금속 날을 붙인 스케이트와는 달리, 인라인 스케이트는 신발의 밑창에 바퀴가 붙어 있습니다. 스케이트는 얼음 위에서만 탈 수 있습니다. 그러나 인라인 스케이트는 평평한 바닥 위 어느 곳에서나 탈 수 있습니다.
>
> 하지만 스케이트와 인라인 스케이트는 모두 발에 신고 타는 것이라는 공통점이 있습니다.

1 이 글의 중심 문장에는 '중', 뒷받침 문장에는 '뒷'이라고 쓰세요.

(1) 스케이트와 인라인 스케이트는 공통점과 차이점이 있습니다. ·············· (   )

(2) 스케이트의 금속 날은 강철을 얇게 펴서 만든 것입니다. ················ (   )

(3) 금속 날을 붙인 스케이트와는 달리, 인라인 스케이트는 신발의 밑창에 바퀴가 붙어 있습니다. ·· (   )

(4) 인라인 스케이트는 평평한 바닥 위 어느 곳에서나 탈 수 있습니다. ········ (   )

2 뒷받침 문장은 문단에서 어떤 역할을 하는지 알맞은 것을 골라 ○표 하세요.

중심 문장에서 설명하려는 내용을 예를 들어 더 자세히 알려 준다.	중심 문장에서 설명하려는 내용과 반대되는 내용을 알려 준다.
( )	( )

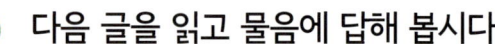

1 키가 크는 데 영향을 주는 요인은 유전 이외에도 다양한데, 크게 네 가지를 들 수 있다. 균형 있는 영양 섭취와 규칙적인 운동, 충분한 잠, 긍정적인 생각이다.

2 키가 크려면 균형 있는 영양 섭취가 필요하다. 특히, 단백질과 칼슘은 키가 크는 데 직접적으로 영향을 준다고 알려져 있다. 단백질과 칼슘뿐만 아니라 여러 가지 음식을 골고루 먹는 것이 좋다.

3 규칙적인 운동도 키가 크는 데 도움이 된다. 운동은 성장판에 적당한 자극을 주며 뇌의 성장 호르몬 분비를 촉진한다. 특히, 줄넘기나 농구 등 위아래로 많이 움직이는 운동을 꾸준히 하면 좋다.

4 키가 크려면 충분한 잠도 중요하다. 잠은 키 크는 보약으로 알려져 있다. 성장 호르몬은 깨어 있을 때보다 깊이 잠들었을 때 많이 분비되므로, 하루에 7~8시간 정도의 깊은 잠을 자는 것이 좋다.

5 긍정적인 생각을 하는 것도 키 성장을 돕는다. 건전하고 긍정적인 생각은 긴장을 풀어 주며 편안하고 행복한 마음이 들게 한다. 이러한 긍정적인 생각은 성장 호르몬의 분비를 증가시켜 키를 크게 하지만, 부정적인 생각은 성장 호르몬의 분비를 억제하여 성장을 방해한다.

– 박미정, 『노력만큼 크는 키』 중에서

3 각 문단의 중심 문장으로 알맞지 <u>않은</u> 것은 무엇인가요? (   )

① 1 문단: 키가 크는 데 영향을 주는 요인은 유전 이외에도 다양한데, 크게 네 가지를 들 수 있다.

② 2 문단: 키가 크려면 균형 있는 영양 섭취가 필요하다.

③ 3 문단: 규칙적인 운동도 키가 크는 데 도움이 된다.

④ 4 문단: 키가 크려면 충분한 잠도 중요하다.

⑤ 5 문단: 건전하고 긍정적인 생각은 긴장을 풀어 주며 편안하고 행복한 마음이 들게 한다.

4 키가 크는 데 영향을 주는 요인이 <u>아닌</u> 것은 무엇인가요? (   )

① 규칙적인 운동   ② 긍정적인 생각   ③ 키 크는 보약
④ 충분하고 깊은 잠   ⑤ 균형 있는 영양 섭취

5 운동이 키에 미치는 영향은 무엇인가요? (   )

① 뇌의 성장 호르몬 분비를 촉진한다.
② 근육에 영향을 주어 신체를 튼튼하게 한다.
③ 배가 부르게 하여 음식을 조금만 먹게 한다.
④ 성장판에 무리한 자극을 주어 성장판이 닫히게 한다.
⑤ 다른 친구와의 경쟁을 통해 더 빨리 크려는 의지를 심어 준다.

6 잠이 키 크는 보약으로 알려진 까닭은 무엇인가요? (   )

① 키가 크는 꿈을 꿀 수 있기 때문에
② 보약 속에 단백질이 많이 들었기 때문에
③ 깊이 잠들었을 때 성장 호르몬이 많이 분비되기 때문에
④ 잠을 잘 자면 음식을 먹지 않아도 키가 잘 크기 때문에
⑤ 키가 크려면 부모님과 함께 병원에 다녀야 하기 때문에

7 이 글에서 긍정적인 생각이 키 성장을 돕는 까닭을 찾아 빈칸에 알맞은 말을 쓰세요.

> 긍정적인 생각은 편안하고 (   ) 마음이 들게 한다. 이러한 생각은
> (   ) 호르몬의 분비를 증가시켜 키를 크게 한다.

한 문장 마무리

8 빈칸에 알맞은 말을 써서, 이 글의 내용을 정리해 보세요.

> □ 가 크는 데 영향을 주는 요인은 유전 이외에도 균형 있는 영양 섭취, 규칙적인 운동, 충분한 잠, 긍정적인 생각이 있습니다.

뜻이 비슷한 말

독해 3단계 1주 4일 ④

○ 다음 그림을 보고, 밑줄 친 낱말과 뜻이 비슷한 말을 찾아 선으로 이으세요.

영양소를 골고루 섭취하다.

나누다

재활용품을 분류하다.

먹다

달리기에서 선두를 유지하다.

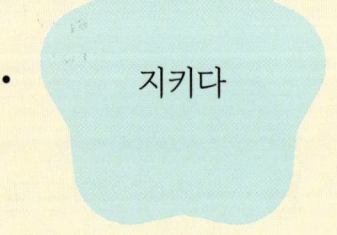

지키다

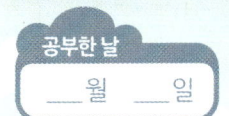

중심 문장과 뒷받침 문장 알기 ❺

1주 5일

🌳 다음 글을 읽고 물음에 답해 봅시다.

가 우리 주변의 동물들을 자세히 살펴보면 서로 다른 점을 많이 발견할 수 있다. 개나 고양이는 발굽이 없는데 말이나 노루는 발굽이 있다. 참새의 부리는 짧고 뭉툭한데 딱따구리의 부리는 길고 뾰족하다. 똑같은 물고기라도 가자미는 납작하고 고등어는 통통하다. 그러면 이런 차이점이 왜 생겼을까?

나 동물이 지구에서 살기 시작한 것은 아주 오래 전 일이다. 동물은 맨 처음 지구에 나타났을 때부터 지금까지, 저마다 살아남기 위한 생존 경쟁을 치열하게 벌였다. 먹이를 잡으려고 무리를 짓기도 하고, 때로는 더 나은 곳을 찾아서 옮겨 살기도 했다. 사는 곳이나 사는 방식에 따라서 동물들은 그 생김새까지 바뀌게 되었다.

– 남상호 외, 『세밀화로 그린 보리 어린이 동물도감』 중에서

▲ 고양이

▲ 말

1 **가**와 **나** 문단의 중심 문장으로 알맞은 것의 기호를 빈칸에 쓰세요.

> ㉠ 그러면 이런 차이점이 왜 생겼을까?
> ㉡ 동물이 지구에서 살기 시작한 것은 아주 오래 전 일이다.
> ㉢ 개나 고양이는 발굽이 없는데 말이나 노루는 발굽이 있다.
> ㉣ 사는 곳이나 사는 방식에 따라서 동물들은 그 생김새까지 바뀌게 되었다.
> ㉤ 우리 주변의 동물들을 자세히 살펴보면 서로 다른 점을 많이 발견할 수 있다.

(1) **가** 문단: (   )   (2) **나** 문단: (   )

🌳 다음 글을 읽고 물음에 답해 봅시다.

㉠한옥은 지방마다 구조가 조금씩 달랐습니다. ㉡따뜻한 남부 지방에서는 바람이 잘 통하도록 넓은 마루를 두고 방을 한 줄로 배열하였습니다. ㉢마루는 방들을 연결하는 통로로 사용되었고, 무더운 여름날에는 시원한 마루에서 주로 생활하였습니다. ㉣추운 북부 지방에서는 집을 낮게 지으면서 방을 두 줄이나 사각형으로 배열하여 집 안의 열기가 밖으로 빠져나가지 않도록 하였습니다. ㉤방과 부엌 사이에 '정주간'이라고 하는 별도의 방을 만들어 일을 하거나 밥을 먹는 등 여러 용도로 사용하기도 하였습니다.

한옥은 그 형태나 규모가 사는 사람의 생활이나 신분, 경제력에 따라 크게 달랐습니다. 1431년 정월에 집의 규모에 대한 규제를 발표한 기록이 있습니다. 이를 보면 대군은 60칸, 서민은 10칸까지만 지을 수 있어, 신분에 따라 차이를 두었음을 알 수 있습니다.

보통 돈이 많고 지위가 높은 양반들은 기와집에 살았습니다. 기와지붕에 얹은 기와는 흙을 빚어 구워 만들었습니다. 양반들은 안채, 사랑채, 행랑채 등을 따로 두어 양반과 하인들이 쓰는 공간을 분리하여 사용하였습니다. 안채는 안주인이 지내는 곳, 사랑채는 바깥주인이 지내며 손님을 맞는 곳, 행랑채는 하인들이 지내는 곳이었습니다.

반면, 서민들은 초가집에서 살았습니다. 벼농사를 짓는 지방에서는 볏짚으로 지붕을 만들었지만, 그렇지 않은 곳에서는 갈대나 띠로 지붕을 만들기도 하였습니다. 초가지붕은 여름에는 뜨거운 태양열을 막아 주고, 겨울에는 효율적으로 내부의 온기가 밖으로 빠져나가지 못하게 합니다.

– 전지은,『대한민국 어린이라면 꼭 알아야 할 우리 문화 100』 중에서

2 이 글에서 주로 설명하는 것은 무엇인가요? (   )

① 한옥의 가격   ② 한옥을 짓던 장인   ③ 왕족들이 사는 집
④ 한옥의 구조와 형태   ⑤ 한옥과 아파트의 차이점

3 ㉠~㉤ 중 중심 문장은 무엇인가요? (   )

① ㉠   ② ㉡   ③ ㉢   ④ ㉣   ⑤ ㉤

4 한옥에 대한 설명으로 알맞지 <u>않은</u> 것은 무엇인가요? (   )

① 남부 지방의 한옥은 넓은 마루를 두고 방을 한 줄로 배열하였다.

② 북부 지방의 한옥은 방과 부엌 사이에 별도의 방을 만들어 사용하였다.

③ 한옥의 형태나 규모는 사는 사람의 신분이나 경제력에 따라 크게 달랐다.

④ 대군은 60칸, 서민은 10칸까지만 지을 수 있다는 규제를 발표하기도 했다.

⑤ 북부 지방의 한옥은 집을 높게 지으면서 방을 두 줄이나 사각형으로 배열하였다.

5 다음은 기와집과 초가집의 특징을 정리한 표입니다. 알맞은 말을 써서 표를 완성하세요.

	기와집	초가집
거주 대상	양반들이 주로 살았다.	( )들이 주로 살았다.
지붕의 재료	흙을 빚어 구운 ( )를 얹어 지붕을 만들었다.	볏짚, 갈대, 띠 등으로 지붕을 만들었다.

6 기와집에 대한 설명으로 알맞지 <u>않은</u> 것을 두 가지 고르세요. (,   )

① 안채는 안주인이 지내는 곳이었다.

② 행랑채는 하인들이 지내는 곳이었다.

③ 기와지붕은 여름에 뜨거운 태양열을 막아 주었다.

④ 양반과 하인들이 쓰는 공간을 분리하여 사용하였다.

⑤ 사랑채는 바깥주인이 지내는 곳으로 손님은 들어갈 수 없었다.

7 빈칸에 알맞은 말을 써서, 이 글의 내용을 정리해 보세요.

이 글은 [ ][ ]의 구조와 형태에 대하여 설명하고 있습니다.

기와집의 구조

🔵 기와집의 구조와 각각의 공간에 대한 설명을 읽고, 보기 에서 그곳을 부르는 말을 찾아 쓰세요.

보기 곳간 대문 뒷간 안채 사랑채 행랑채

└→ 집안의 여자 어른을 비롯하여 여성들이 주로 지내던 공간으로, 대문에서 가장 안쪽에 자리하고 있어요.

└→ 음식 재료나 생활에 필요한 물건 등을 간직해 두던 장소예요.

└→ 오늘날의 화장실을 말해요. 옛날에는 이곳을 안채와 사랑채에서 멀찌감치 떨어진 곳에 만들었다고 해요.

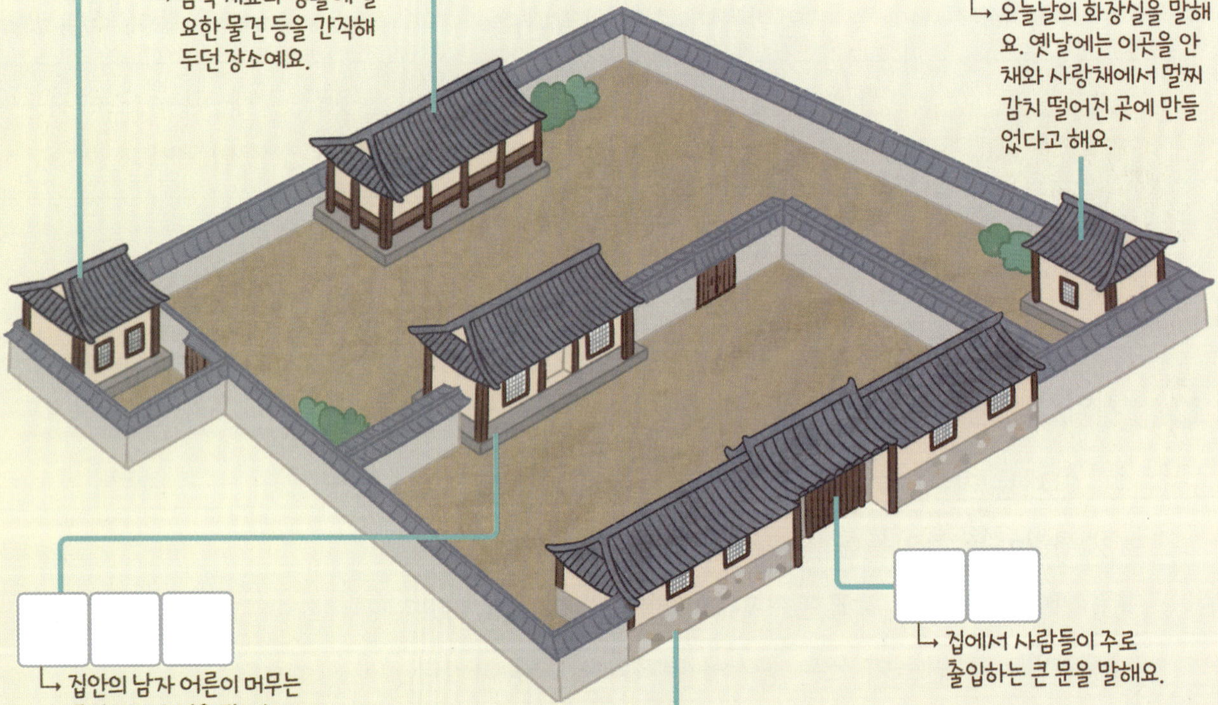

└→ 집안의 남자 어른이 머무는 공간으로, 손님을 맞이하거나 아이들에게 학문을 가르치는 공간으로 쓰였어요.

└→ 집에서 사람들이 주로 출입하는 큰 문을 말해요.

└→ 대문간에서 가장 가까운 곳에 있는 집채로, 문간채로도 불려요. 주로 하인들이 생활하는 곳이었어요.

1주 5일
정답 확인

오늘 나의 실력을 평가해 봐!  🦊 부모님 응원 한마디

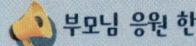

글쓴이의 마음 짐작하기 ❶

🌰 편지에 나타난 새연이의 마음으로 알맞은 것에 ⭕표 하세요.

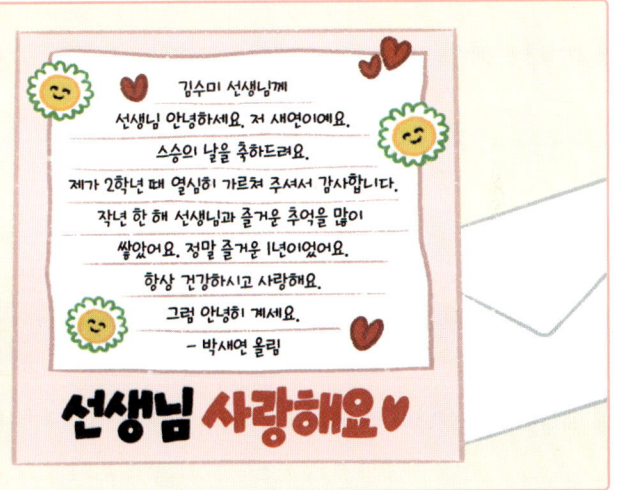

새연이는 선생님께 (감사한, 신기한) 마음을 전하고 있습니다.

글쓴이의 마음을 파악하면 글의 내용을 보다 잘 이해할 수 있어요. 글을 읽을 때 글쓴이의 상황, 글에 나타난 말이나 행동을 살펴보면 글쓴이의 마음을 짐작할 수 있지요. 글쓴이의 마음은 글에 직접 드러나지 않을 때도 있고, 한 편의 글에서 글쓴이의 마음이 다양하게 변할 수도 있어요. 자, 이제 글을 읽고 글쓴이의 마음을 파악해 볼까요?

 **1** 다음 편지를 읽고, 글쓴이의 마음을 파악해 보세요.

할아버지께

할아버지, 일흔세 번째 생신을 진심으로 축하드려요.

어렸을 때부터 저를 쭉 돌보아 주시고, 고장 난 장난감도 뚝딱뚝딱 고쳐 주시는 할아버지를 뵐 때마다 저는 웃음이 나요. 제가 궁금해하는 것은 가르쳐 주시고, 가고 싶은 곳은 어디든 함께 가 주시는 할아버지가 계셔서 저는 참 행복합니다. 오래오래 건강하시길 바랍니다. 사랑해요.

20○○년 3월 17일

손자 시현 올림

 글쓴이가 편지를 쓴 까닭을 찾아 빈칸에 알맞게 쓰세요.

할아버지의 생신을 (　　　　　　　　　)드리기 위해서

 💡 마음을 나타내는 말로 어떤 것이 쓰였는지 찾아보아요.

이 글에 나타난 글쓴이의 마음을 모두 찾아 ○표 하세요.

| 미안하다 | 사랑하다 | 억울하다 |

| 행복하다 | 화나다 | 축하하다 |

 다음 물음 에 알맞게 답한 것에 ○표 하세요.

> 물음　이 글에 글쓴이의 마음을 나타내는 말이 직접 드러나 있나요?

아니요. 이 글에는 글쓴이의 마음을 나타내는 말이 직접 드러나지 않아요.

(　　　)

네. '축하드려요', '행복합니다', '사랑해요'에서 글쓴이의 마음이 직접 드러나요.

(　　　)

 **다음 일기를 읽고, 글쓴이의 마음을 파악해 보세요.**

날짜: 20○○년 3월 27일 금요일 | 날씨: 맑음

"지환아, 잘 가."

"그래. 민우야, 내일 보자."

학교가 끝나고 우리 집 앞에서 친구 지환이와 헤어진 나는 즐거운 마음으로 대문을 열었다. 바로

그때 저쪽에서 꼬리를 살랑살랑 흔들며 나를 향하여 우리 집 반려견 백구가 뛰어왔다. 나는 가방을

내려놓고 백구를 안아 주었다.

"백구야, 나 없는 동안에 잘 있었니? 밥은 잘 먹었어?"

나는 백구의 머리와 목을 부드럽게 쓸어 주었다. 내일도 학교 끝나자마자 빨리 집에 와서 백구랑

놀아야겠다.

 글쓴이는 대문을 열 때 어떤 마음이 들었나요? (   )

① 미안한 마음   ② 불안한 마음

③ 아쉬운 마음   ④ 즐거운 마음

⑤ 당황스러운 마음

 💡 글쓴이의 상황과 말이나 행동을 살펴보면 글쓴이의 마음을 짐작할 수 있어요.

글쓴이의 마음을 알맞게 짐작하지 못한 친구의 이름을 쓰세요.

> 지수: 머리와 목을 부드럽게 쓸어 주는 것은 동물을 사랑하고 아낄 때 하는 행동이야.
> 백구를 사랑하고 좋아하는 글쓴이의 마음을 알 수 있어.
> 정우: 개가 뛰어올 때 가방을 내려놓은 것은 갑작스러운 개의 공격을 방어하기 위해 준
> 비한 행동이야. 글쓴이는 백구가 뛰어올 때 긴장되고 두려운 마음이 들었을 거야.
> 예나: "나 없는 동안에 잘 있었니? 밥은 잘 먹었어?"라는 말은 소중한 이가 어떻게 지
> 냈는지 궁금할 때 하는 말이야. 백구를 소중하게 여기는 글쓴이의 마음을 짐작할 수
> 있어.

(   )

흉내 내는 말

○ 다음 그림을 보고, 흉내 내는 말을 보기 에서 골라 빈칸에 알맞게 쓰세요.

| 보기 | 뚝딱뚝딱 | 살랑살랑 | 싱숭생숭 | 옹기종기 |

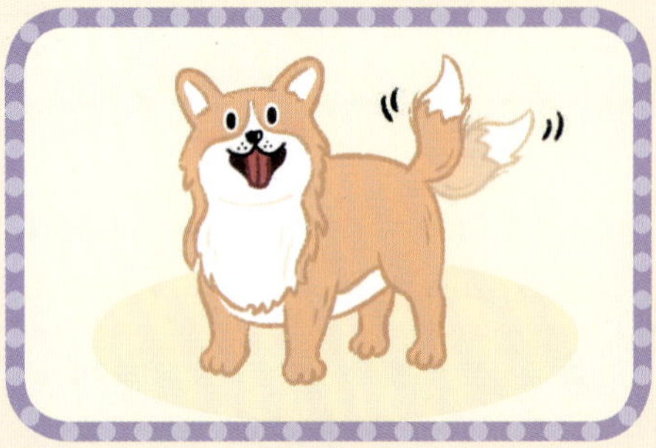

강아지가 꼬리를 ☐☐☐☐ 흔든다.

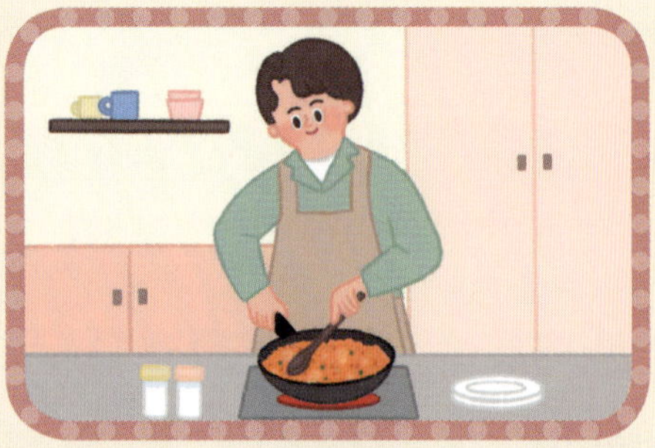

김치볶음밥을 ☐☐☐☐ 만들었다.

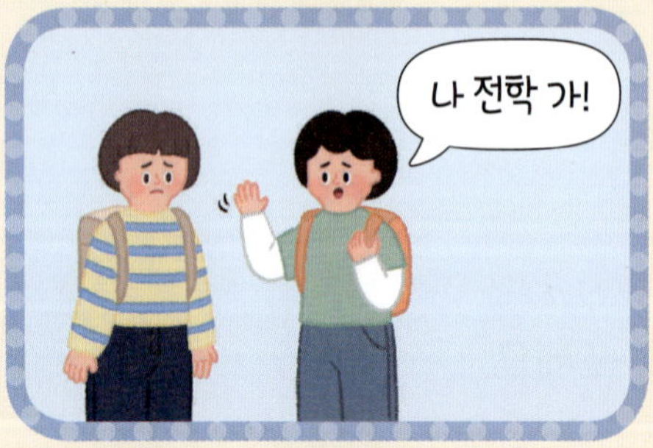

나 전학 가!

친구가 전학을 가서 ☐☐☐☐ 허전하다.

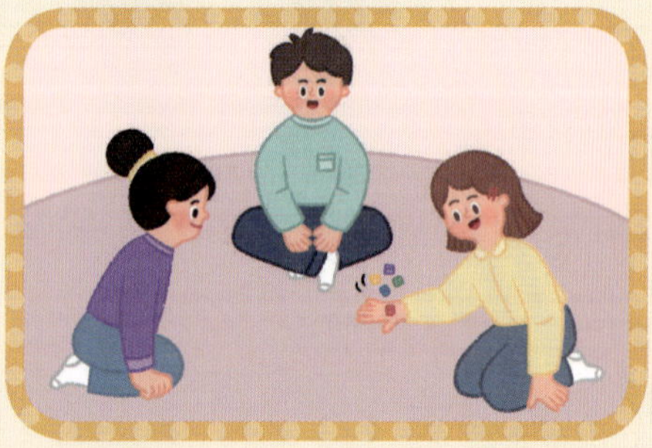

아이들이 ☐☐☐☐ 모여 앉아 공기 놀이를 한다.

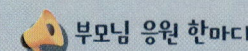

글쓴이의 마음 짐작하기 ❷

 다음 편지를 읽고 물음에 답해 봅시다.

할머니께

할머니, 안녕하세요? ㉠저 민서예요. ㉡그동안 건강히 잘 계셨어요?

㉢보내 주신 딸기는 잘 받았어요. 조금 전에 아버지, 어머니와 함께 딸기를 먹었는데 참 맛있었어요. ㉮고맙습니다.

이렇게 편지를 쓰니 딸기 농사를 지으며 고생하시는 할머니 모습이 떠올라 ㉯코끝이 찡해져요. ㉣또, 할머니가 더 보고 싶어졌어요. 할머니께서도 제가 많이 보고 싶으시지요? ㉤여름 방학이 되면 할머니께 달려갈게요. 그럼 만나 뵐 때까지 안녕히 계세요.

20○○년 3월 17일

손녀 민서 올림

---

1 글쓴이는 누구에게 편지를 썼나요? 빈칸에 알맞게 쓰세요.

(   )

2 ㉠~㉤ 중 글쓴이의 마음이 직접 드러난 말은 무엇인가요? (   )

① ㉠   ② ㉡   ③ ㉢   ④ ㉣   ⑤ ㉤

3 ㉮'고맙습니다.'와 ㉯'코끝이 찡해져요.'에 대한 설명에 알맞게 선으로 이으세요.

| ㉮ 고맙습니다. | • | | • | 글쓴이의 마음을 간접적으로 나타낸 말 |

| ㉯ 코끝이 찡해져요. | • | | • | 글쓴이의 마음을 직접적으로 나타낸 말 |

다음 글을 읽고 물음에 답해 봅시다.

| 제목 | 정연이를 칭찬합니다 | 글쓴이 | 이수아 |

　　우리 학급 게시판에는 정연이를 칭찬하는 글이 많이 있어요. 저는 그동안 왜 그렇게 많은 칭찬 글이 올라왔는지 잘 몰랐어요. ㉠그런 글이 올라오면 괜히 배가 아파서 칭찬 글을 제대로 보지 않고 넘겼지요.

　　저는 어제 점심시간에 친구들과 운동장 벤치에 앉아서 오렌지 주스를 마시고 있었어요. 그러다가 실수로 오렌지 주스를 바지에 흘렸어요. 저는 제 바지가 더러워진 것도 모르고 ㉡친구들과 웃고 떠들고 있었어요.

　　정연이는 교실로 들어가던 중에 저를 보았어요. 정연이의 눈이 커지면서 재빨리 뒤를 돌아보는 것이 보였어요. 뒤에서는 남자아이들이 오고 있었지요. 정연이는 저에게 달려와 입고 있던 외투를 벗어 제 다리에 덮어 주었어요. 그리고 제 옆에 앉아 말했어요.

　　"너, 옷이 왜 이렇게 얇니? 바람이 불어서 추울 텐데 이 옷 덮어."

　　㉢"야, 하나도 안 추운데 왜 그래?"

　　㉣저는 눈살을 찌푸리며 외투를 치우려고 했어요. 그런데 남자아이들이 지나가자 정연이가 제 귀에 손을 대고 속삭였어요.

　　"네 바지에 오렌지 주스가 묻어 있어서 그랬어."

　　"어…… 어……. 어떻게 된 일이지?"

　　저는 뒤늦게 제 바지를 보고 말을 더듬거렸어요. 정연이는 저를 달래 주며, 자기 외투를 바지에 두르고 집에까지 갔다가 다음 날 돌려 달라고 말하더라고요. ㉤제 얼굴은 홍당무처럼 빨갛게 달아올랐습니다.

　　그때는 정연이에게 고맙다는 말도 제대로 하지 못했어요. 어떻게 하면 제 마음을 전할 수 있을까 고민하다가 이렇게 정연이의 배려 깊은 마음을 칭찬하는 글로 올립니다. 지금 깨끗이 빨아 둔 정연이의 외투가 거의 말랐어요. 외투 주머니에 초콜릿을 넣어서 정연이에게 돌려줄 생각을 하니 엉덩이가 자꾸 들썩거리네요.

4 이 글을 쓴 사람은 누구인지 ○표 하세요.

(수아, 정연)

5 수아는 정연이에게 어떤 마음을 전하고 있나요? (   )

① 고마운 마음　　　　② 속상한 마음　　　　③ 서운한 마음

④ 위로하는 마음　　　⑤ 부담스러운 마음

6 정연이가 외투를 벗어 수아에게 덮어 준 까닭으로 가장 알맞은 것은 무엇인가요? (   )

① 바람이 많이 불어서　　　　　　　② 칭찬을 받고 싶어서

③ 수아가 옷을 얇게 입어서　　　　　④ 수아의 바지에 묻은 얼룩을 가려 주려고

⑤ 남자아이들이 오렌지 주스를 흘릴까 봐

7 ㉠~㉤에 나타난 말과 행동을 통해 수아의 마음을 짐작한 것으로 알맞지 <u>않은</u> 것은 무엇인가요? (   )

① ㉠: 질투하는 마음　　② ㉡: 즐거운 마음　　③ ㉢: 어리둥절한 마음

④ ㉣: 못마땅한 마음　　⑤ ㉤: 원망스러운 마음

8 다음은 이 글에 달린 댓글입니다. 빈칸에 들어갈 알맞은 말을 보기 에서 찾아 쓰세요.

| 보기 | 답답한 | 섭섭한 | 신나는 | 격려하는 | 당황스러운 |

💬 말을 더듬거렸다는 것을 보니 정말 많이 (   ) 마음이 든 것 같아.

💬 엉덩이가 들썩거린다는 것을 보니 정연이에게 초콜릿을 전해 줄 생각에 (   ) 마음인가 봐.

한 문장 마무리

9 알맞은 말에 ○표 하여, 이 글의 내용을 정리해 보세요.

수아가 정연이의 (남을 질투하는, 배려 깊은) 마음을 칭찬하는 글을 써서 학급 게시판에 올렸습니다.

'배'와 관련된 관용 표현

○ 다음 그림을 보고, 밑줄 친 관용 표현의 알맞은 뜻을 찾아 선으로 이으세요.

친구의 시험 합격 소식에 <u>배가 아프다.</u>

남이 잘되어 심술이 나다.

하루 종일 아무것도 먹지 못해 <u>배가 등에 붙다.</u>

먹은 것이 없어서 배가 홀쭉하고 몹시 허기지다.

원님이 백성들의 재산을 빼앗아 자기 <u>배를 불리다.</u>

재물이나 이득을 많이 차지하여 개인의 이익과 욕심을 채우다.

2주 2일
정답 확인

오늘 나의 실력을 평가해 봐!

🔊 부모님 응원 한마디
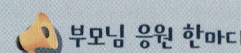

글쓴이의 마음 짐작하기 ❸

🌳 다음 글을 읽고 물음에 답해 봅시다.

어제 알림장 쓰는 시간에 선생님께서 미술 시간에 사용할 서예용 붓을 가져오라고 하셨다. 먹물과 화선지는 선생님께서 나누어 주신다고 하셨다. 나는 서예 학원을 다니기 때문에 늘 가방 속에 붓이 있으니 따로 준비할 필요가 없었다.

오늘 미술 시간에 나는 가방에서 붓을 꺼냈다. 그런데 내 짝은 걱정스러운 얼굴로 깜빡 잊고 붓을 챙겨 오지 못하였다고 했다. 짝에게 내가 가지고 있던 다른 붓을 빌려주었다. 짝이 밝은 표정으로 고맙다고 하였다. 짝과 나는 정성스럽게 붓글씨를 썼다. 글씨도 보기 좋게 잘 써졌고, 기분도 ⬜ ㉠ ⬜.

1 ㉮와 ㉯에 들어갈 짝의 마음을 알맞게 짝 지은 것은 무엇인가요? (　　　)

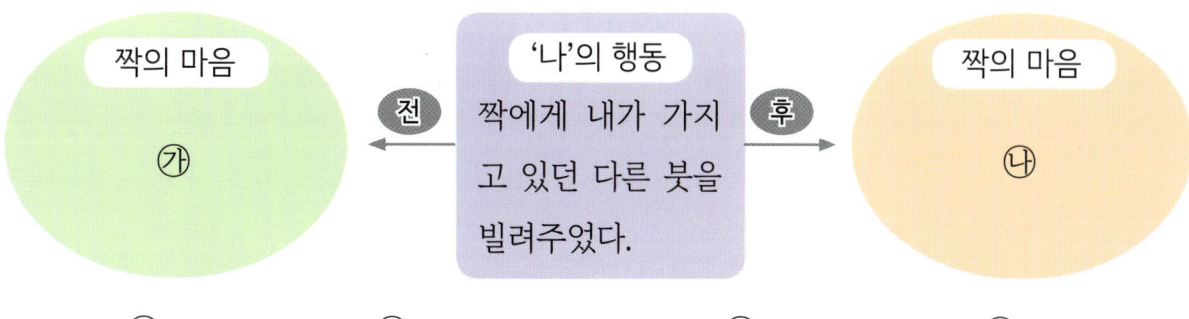

짝의 마음	'나'의 행동	짝의 마음
㉮	전 ← 짝에게 내가 가지고 있던 다른 붓을 빌려주었다. → 후	㉯

　　㉮　　-　　㉯
① 고마운 마음　-　안심하는 마음
③ 고민되는 마음　-　안타까운 마음
⑤ 기대하는 마음　-　실망한 마음

　　㉮　　-　　㉯
② 불안한 마음　-　자랑스러운 마음
④ 걱정되는 마음　-　고마운 마음

2 ㉠에 들어갈 '나'의 마음을 나타내는 말로 알맞은 것은 무엇인가요? (　　　)

① 불쾌하였다　　② 뿌듯하였다　　③ 속상하였다　　④ 씁쓸하였다　　⑤ 억울하였다

다음 전자 우편(이메일)을 읽고 물음에 답해 봅시다.

받은 편지함   보낸 편지함   편지 쓰기

⭐ 사랑하는 승연이에게   20〇〇년 4월 13일   답장   전달   🗑 삭제

| 보낸 사람 | 승연이 아빠 |
| 받는 사람 | 승연이 |

승연아, 잘 있었니?

지난주에 할머니께서 다리를 다치셨다는 소식을 듣고 마음이 무거웠어. 작은 상처라고는 해도 할머니께서 연세가 있으시니 오랫동안 편찮으실까 봐 걱정이 되었거든. 그런데 어제 할머니 건강이 나아지셨다는 승연이의 전자 우편을 받고 마음이 놓였단다. 아버지는 이제 두 다리 쭉 펴고 잘 수 있겠구나.

이곳에 온 지도 벌써 6개월이 다 되었구나. 처음엔 낯설고 어색하기만 했는데 지금은 큰 불편 없이 잘 지내고 있단다. 단지 가족이 보고 싶은 그리운 마음만 다스리면 돼.

오늘은 아버지가 개발한 과학 기술을 동남아시아 지역에 수출하였단다. 그동안 잠자는 것도 잊고 긴장하며 연구에 매달렸지. 기술을 개발한 한 사람으로서 이런 성과를 내었으니 저절로 어깨가 으쓱거려진단다.

사랑하는 승연아!

다음 달이면 출장 기간이 끝나 우리 가족이 있는 한국으로 돌아가는구나. 비행기 시간을 첨부 문서로 함께 보내니 할아버지, 할머니와 어머니께도 알려 드리렴.

떨어져 있는 기간이 길어질수록 그리운 마음은 점점 커지는구나. 하루라도 빨리 보고 싶다. 사랑한다. 가족 모두에게도 사랑한다는 말 꼭 전해 주렴.

인도에서 승연이를 사랑하는 아버지가

3 글쓴이가 지금 있는 곳은 어디인가요? (   )

① 미국   ② 인도   ③ 일본   ④ 중국   ⑤ 프랑스

4 글쓴이가 전자 우편을 쓴 까닭을 이 글에서 찾아 빈칸에 세 글자로 쓰세요.

가족들이 보고 싶은 (   ) 마음을 전하기 위해

5 글쓴이에 대한 설명으로 알맞지 <u>않은</u> 것은 무엇인가요? (   )

① 과학 기술 개발자이다.

② 다음 달에 한국으로 돌아온다.

③ 집을 떠난 지 6개월이 다 되었다.

④ 개발한 과학 기술을 수출하였다.

⑤ 출장 가 있는 곳이 여전히 낯설고 어색하다.

6 다음 글쓴이의 말에서 드러나는 마음의 변화로 알맞은 것을 골라 ○표 하세요.

(1) 지난주에 할머니께서 다리를 다치셨다는 소식을 듣고 마음이 무거웠어. → 아버지는 이제 두 다리 쭉 펴고 잘 수 있겠구나.

(걱정하는, 섭섭한) 마음   (사랑하는, 안심하는) 마음

(2) 그동안 잠자는 것도 잊고 긴장하며 연구에 매달렸지. → 기술을 개발한 한 사람으로서 이런 성과를 내었으니 저절로 어깨가 으쓱거려진단다.

(긴장하는, 미워하는) 마음   (억울한, 자랑스러운) 마음

한 문장 마무리

7 빈칸에 알맞은 말을 써서, 이 글의 내용을 정리해 보세요.

☐☐ 에서 출장 중인 ☐☐☐ 가 승연이에게 보내는 전자 우편입니다.

높임 표현

○ 다음 그림을 보고, 밑줄 친 말의 높임 표현을 찾아 ○표 하세요.

할아버지께서는 나이가 많으시다.

연세 / 연하

할머니께서 밥을 드시다.

진수 / 진지

삼촌께서 내 방에 누워 낮잠을 자다.

주무르다 / 주무시다

선생님께서 다리를 다쳐서 몇 주째 아프다.

편찮으시다 / 편하시다

2주 3일 정답 확인

오늘 나의 실력을 평가해 봐!

👏 부모님 응원 한마디

_____

글쓴이의 마음 짐작하기 ❹

 다음 일기를 읽고 물음에 답해 봅시다.

날짜: 20○○년 4월 5일 금요일	날씨: 구름이 조금 낌

　오늘 나는 학원에 가던 길에 바닥에 무언가 떨어져 있는 것을 발견했다. 처음에는 푸르스름한 것이 나뭇잎인 줄 알았는데 세종 대왕의 얼굴이 그려진 만 원짜리 돈이었다. 갑자기 가슴이 두근두근 뛰었다.

　'저 돈이면 내가 갖고 싶은 블록을 살 수 있어.'

　새로 산 블록을 나에게 자랑하던 건우의 코를 납작하게 해 줄 생각을 하니 행복해졌다. 그런데 허리를 굽혀 돈을 집어 들려는 순간, 마음속에서 '안 돼. 나쁜 짓이야.' 하는 생각이 들었다. 금방이라도 경찰 아저씨가 나를 잡으러 올 것만 같아 두려워졌다.

　나는 돈을 줍자마자 곧장 동네 경찰서를 찾아가 돈의 주인을 찾아 달라고 말씀드렸다. 경찰 아저씨가 잘했다며 칭찬을 해 주셔서 기뻤다. 옳은 선택을 한 내가 자랑스러웠다.

1 '나'는 학원에 가던 길에 무엇을 발견하였나요? (　　　　)

① 돈　　　② 블록　　　③ 경찰서　　　④ 나뭇잎　　　⑤ 세종 대왕 동상

2 이 글에 나타난 '나'의 마음의 변화로 알맞은 것에 ○표 하세요.

놀람. → 행복함. → 죄책감. ☐	떨림. → 두려움. → 미안함. ☐	행복함. → 두려움. → 자랑스러움. ☐

다음 글을 읽고 물음에 답해 봅시다.

<앞부분 이야기 줄거리> 희수는 친구들 중에서 자신만 자전거가 없다며, 자전거를 사 달라고 아버지께 말씀드렸습니다.

며칠 뒤의 일입니다. 아버지께서 퇴근길에 헌 자전거 한 대를 끌고 오셨습니다.

"아버지, 누구 자전거예요?"

"조금만 손보면 탈 수 있는 자전거를 누가 버렸더구나. 잘 고쳐서 줄 테니 타고 다녀라."

"그럼 새것으로 사 주지 않고 헌 자전거를 고쳐 주시는 거예요? 싫어요. 그 자전거 안 탈래요. 친구들에게 새 자전거 산다고 말했단 말이에요!"

㉠나는 무척 실망하였습니다. 아이들이 겨우 헌 자전거를 샀느냐고 놀릴 것만 같았습니다.

'아버지는 구두쇠가 분명해.'

㉡늘 헌 물건을 고쳐서 주시는 아버지가 원망스러웠습니다. ㉢눈물이 나오려는 것을 꾹 참고 하늘만 바라보았습니다.

"희수야, 아버지와 함께 어디 좀 가지 않을래?"

㉣아버지께서 내 손을 잡고 마을버스를 타셨습니다.

우리가 도착한 곳에는 헌 냉장고나 자전거 같은 물건들이 산더미로 쌓여 있었습니다. 그 물건들은 조금만 손을 보면 다시 쓸 수 있을 것 같았습니다.

"그 자전거도 이곳으로 와서 쌓일 뻔하였지. 함부로 버려진 것들이라도 조금만 고치면 다시 태어나게 되는 거란다. 그것을 우리도 쓰고 필요한 이웃에게도 주는 것이 얼마나 기쁜 일인 줄 아니?"

집으로 돌아오는 길에 약국 앞에서 옥수수 파는 할머니를 만났습니다.

"아유, 희수 아버지, 얼마나 고마운지 몰라요. 빨래를 할 때마다 힘들었는데 덕분에 이제는 편해졌다오."

할머니께서는 몇 번이나 고맙다고 하셨습니다. 아버지께서 며칠 전에 고치시던 세탁기를 할머니께 전해 드렸나 봅니다. ㉤나는 새 자전거를 사 주지 않았다고 화를 낸 것이 부끄러웠습니다. 용기를 내어 아버지께 말씀드렸습니다.

"아버지, 그 자전거 탈게요. 대신 멋진 색깔로 페인트칠을 새로 해 주셔야 해요."

아버지께서 빙그레 웃으며 내 등을 감싸 주셨습니다.

3 ㉠~㉤ 중, '나'의 마음이 드러나지 <u>않은</u> 부분은 어디인가요? (   )

① ㉠   ② ㉡   ③ ㉢   ④ ㉣   ⑤ ㉤

4 다음과 같은 일을 겪을 때 '나'의 마음은 어떠했는지 보기 에서 골라 알맞게 쓰세요.

보기	고마운 마음	뿌듯한 마음	부끄러운 마음	실망스러운 마음

겪은 일	마음
(1) 아버지께서 새 자전거가 아닌 헌 자전거를 끌고 오신 것을 봄.	
(2) 아버지께 고맙다고 하시는 옥수수 파는 할머니를 보고 새 자전거를 사 주지 않았다고 화를 낸 자신의 행동을 돌아봄.	

5 **4**에서 답한 것과 같이 '나'의 마음이 바뀌게 된 까닭은 무엇인가요? (   )

① 아이들이 또 헌 자전거를 샀느냐고 놀려서

② 늘 헌 물건을 고쳐 주시는 아버지가 구두쇠임을 깨달아서

③ 아버지께서 고쳐 주신 헌 자전거를 쓰시는 할머니를 만나서

④ 아버지께서 퇴근길에 헌 자전거 한 대를 끌고 오시는 것을 봐서

⑤ 버려질 뻔한 물건들도 고치면 다시 쓸 수 있다는 것을 알게 되어서

6 알맞은 말에 ○표 하여, 이 글의 내용을 정리해 보세요.

'나'는 버려질 뻔한 물건들이 다시 쓰이는 모습을 보고 (부끄러움, 원망스러움)을 느꼈고, 아버지께서 고쳐 주시기로 한 헌 자전거를 타기로 결심하였습니다.

꾸며 주는 말

○ 다음 그림을 보고, 꾸며 주는 말을 보기 에서 골라 빈칸에 알맞게 쓰세요.

보기   새   순   옛   헌

엄마께서는 ☐ 자전거를

구입하셨다.

☐ 옷을 재사용 가게에

기부하였다.

이 식용유는 ☐ 콩으로만

만들었다.

할아버지께서는 ☐ 사진을

보고 계셨다.

2주 4일 정답 확인

오늘 나의 실력을 평가해 봤!    🦊 부모님 응원 한마디

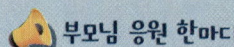

글쓴이의 마음 짐작하기 ❺

🌳 **다음 글을 읽고 물음에 답해 봅시다.**

아침 일찍부터 나를 깨우는 오빠의 목소리가 들렸습니다.

"왜 이렇게 일찍부터 깨우는 거야?"

나는 버럭 짜증을 내었습니다.

"야, 오늘은 아침부터 부모님 사과 따시는 거 도와드리기로 했잖아."

나는 너무 졸려서 투덜거리며 옷을 갈아입었습니다. 오전 내내 나는 짜증을 내며 사과도 따는 둥 마는 둥 하였습니다.

점심시간이 되었습니다. 어머니께서 열무김치와 구수한 된장찌개를 준비해 오셨습니다. 맛있는 점심을 먹고 나니 기운이 났습니다. 바람이 산들산들 부는 것도 기분이 좋았습니다. 사과를 하나둘 열심히 따다 보니 어느새 상자가 가득 찼습니다. 어깨가 조금 아팠지만, 뿌듯한 기분이 들었습니다. 오빠도 나를 보며 잘했다고 칭찬해 주었습니다.

1 이 글에서 '나'의 마음은 어떻게 바뀌었나요? (   )

① 화남. → 지루함.   ② 두려움. → 미안함.   ③ 미안함. → 뿌듯함.

④ 뿌듯함. → 두려움.   ⑤ 짜증남. → 뿌듯함.

2 **1**에서 '나'의 마음이 바뀐 까닭으로 알맞지 <u>않은</u> 것은 무엇인가요? (   )

① 열심히 딴 사과가 상자에 가득 차서

② 맛있는 점심을 먹고 나니 기운이 나서

③ 어머니께서 맛있는 점심을 준비해 주셔서

④ 산들산들 불어오는 바람에 기분이 좋아서

⑤ 오빠가 투덜거리며 일하는 '나'의 모습이 보기 싫다고 말해서

"어머니, 제 곰돌이 머리핀 못 보셨어요?" / 책상 위에 놓아두었던 머리핀이 보이지 않았다.

"머리핀? 조금 전에 민주가 꽂고 유치원에 갔는데……."

"제 머리핀인데 왜 민주가 꽂고 갔어요?"

"네가 일찍 일어나서 챙기지 않으니 그런 일이 생기지. 오늘은 그냥 다른 것으로 하고 가. 그러다 지각하겠다."

민주가 내 물건을 마음대로 가져간 건데 어머니께서는 내 탓이라고 하신다.

어머니께서는 늘 동생 편만 드신다.

"오늘 물감 가져가야 한다고 하지 않았어? 가방에 잘 넣었어?"

가방을 메고 방을 나서는데 어머니께서 또 말씀하셨다. 나는 어머니 말씀에 대꾸도 하지 않고 집을 나섰다. / 학교에 왔는데 기분이 좋지 않았다.

"민서야, 이것 봐라. 어머니께서 새 물감 사 주셨다."

내 짝 정아가 새로 산 물감을 가방에서 꺼내며 자랑했다. 나는 괜히 짜증이 났다. 맞다, '그림물감'. 가방을 살펴봤다. 물감이 없었다. 아침에 분명 챙겼는데 보이지 않았다. 그때서야 신발 신을 때 물감을 현관에 두고 온 것이 떠올랐다.

짝은 새 물감이라고 빌려주지 않을지도 모른다. 그리고 물감을 준비하지 않았다고 선생님께 꾸중을 들을 수도 있다. 복도에 있는 공중전화 수화기를 들었다가 다시 내렸다. 어머니께서는 출근하셨을 것이다.

'내가 가장 좋아하는 미술 시간인데……'

이게 다 민주와 어머니 때문이다. 나는 책상에 엎드렸다. 눈물이 날 것 같았다.

그때 단짝 친구 소은이가 나를 불렀다.

"민서야, 너희 어머니께서 이거 너 주라고 하셨어." / 내 물감이었다.

"우리 어머니 만났어?"

"교문 앞에서 만났는데, 시간이 없어서 그러신다며 나한테 대신 전해 달라고 하셨어."

㉠ 나는 어머니 말씀에 대꾸도 하지 않고 학교에 왔는데, 어머니께서는 출근하느라 바쁘신데도 학교까지 오셔서 물감을 주고 가셨나 보다. 집에 가서 어머니께 죄송하다고 말씀드려야겠다.

3 학교에 가기 전에 민서에게 일어난 일이 <u>아닌</u> 것은 무엇인가요? (   )

① 물감을 현관에 두고 학교에 갔다.　　② 머리핀을 가방에 넣고 학교에 갔다.

③ 어머니께서 동생 편만 드셔서 화가 났다.　④ 자신이 아끼는 머리핀을 동생이 꽂고 갔다.

⑤ 어머니 말씀에 대꾸도 하지 않고 집을 나섰다.

4 민서가 자신의 마음을 직접 표현한 부분이 <u>아닌</u> 것은 무엇인가요? (   )

① 눈물이 날 것 같았다.　　　　　② 나는 괜히 짜증이 났다.

③ 단짝 친구 소은이가 나를 불렀다.　④ 학교에 왔는데 기분이 좋지 않았다.

⑤ 어머니께 죄송하다고 말씀드려야겠다.

5 민서의 말이나 행동, 겪은 일을 보고 민서의 마음을 알맞게 짐작한 것에 ◯표 하세요.

말이나 행동, 겪은 일	민서의 마음
(1) "제 머리핀인데 왜 민주가 꽂고 갔어요?"	(화남, 뿌듯함).
(2) 물감을 가방에 넣었는지 물으시는 어머니의 말씀에 대꾸도 하지 않음.	(두려움, 서운함).
(3) 짝이 새로 산 물감을 가방에서 꺼내며 자랑을 함.	(기특함, 짜증 남).

6 ㉠에서 민서는 어머니께 어떤 마음이 들었을지 알맞은 것에 ◯표 하세요.

두렵고 슬픈 마음	죄송하고 감사한 마음	긴장되고 떨리는 마음
( )	( )	( )

한 문장 마무리

7 알맞은 말에 ◯표 하여, 이 글의 내용을 정리해 보세요.

> 민서는 그림물감을 학교에 가져다 주신 어머니께 (죄송함과 고마움, 짜증과 화남)을 느꼈습니다.

뜻이 여러 가지인 말

⦿ '들다'는 뜻이 여러 가지인 말입니다. 밑줄 친 '들다'의 알맞은 뜻을 골라 빈칸에 번호를 쓰세요.

| 들다 | ① 밖에서 안으로 가거나 오다.
② 색깔, 맛, 물기 등이 스미거나 배다.
③ 남을 위해 어떤 일을 하다. |

동생한테 사과하렴.

엄마가 동생 편을 들다.

→ (　　　　　　)

산책을 하러 숲길에 들다.

→ (　　　　　　)

은행나무에 샛노란 단풍이 들다.

→ (　　　　　　)

원인과 결과 파악하기 ①

당나귀에게 생긴 일의 원인과 결과를 파악하여 빈칸에 알맞은 말을 쓰세요.

당나귀가 ☐ 에 빠져서 ☐☐ 이 다 녹았습니다.

우리 생활 속에서 일어나는 일에는 원인과 결과가 있습니다. '원인'은 어떤 일이 일어나게 만든 까닭이고, '결과'는 원인으로 인하여 일어난 일입니다. 원인과 결과를 파악하며 이야기를 읽으면 일어난 일에 대하여 분명하고 쉽게 알 수 있습니다. 자, 이제 다양한 글을 읽고 일어난 일의 원인과 결과에 따라 내용을 정리해 볼까요?

 **1** 다음 이야기를 읽고, 일의 원인과 결과를 파악해 보세요.

방귀쟁이 며느리는 시집을 간 후 방귀를 뀌지 못하여 병이 났습니다. 시아버지가 이 사실을 알고 마음 놓고 방귀를 뀌도록 허락하였습니다. 그래서 방귀쟁이 며느리는 그동안 참았던 방귀를 시원하게 뀌었습니다. 하지만 방귀쟁이 며느리는 집에서 쫓겨났습니다. 방귀를 뀌어 집이 날아갔기 때문입니다.

 💡 일어난 일이 무엇인지, 그 일로 어떤 결과가 나타났는지 찾으며 글을 읽어 보세요.
다음은 방귀쟁이 며느리에게 일어난 일을 차례대로 정리한 것입니다. 빈칸에 알맞은 말을 쓰세요.

며느리가 (   )를 뀌지 못해 병이 났습니다. → 시아버지가 방귀를 뀌도록 허락했습니다. → 며느리가 참았던 방귀를 시원하게 뀌었습니다. → 방귀를 뀌자 (   )이 날아갔습니다. → 며느리는 집에서 쫓겨났습니다.

 방귀쟁이 며느리가 병이 난 원인을 찾아 ○표 하세요.

방귀를 뀌지 못해서	상한 반찬을 먹어서	시아버지가 꾸짖어서
( )	( )	( )

 이 글에서 방귀쟁이 며느리가 방귀를 시원하게 뀌고 난 결과로 알맞은 것을 두 가지 골라 ○표 하세요.

(1) 집이 날아갔다. ·· (   )

(2) 며느리가 집에서 쫓겨났다. ······························ (   )

(3) 방귀 냄새를 맡고 사람들이 쓰러졌다. ···················· (   )

 **2** 다음 일기를 읽고, 일의 원인과 결과를 파악해 보세요.

날짜: 20○○년 10월 11일 토요일	날씨: 맑음

　　오늘은 날씨가 맑고 시원했다. 그래서인지 집 밖으로 나가고 싶었다. 때마침 아버지께서 뒷산에 가신다기에 나는 신이 나서 얼른 따라나섰다.

　　뒷산에 올라가는데 어디선가 코를 찌르는 지독한 냄새가 났다. 주위를 둘러보니 쓰레기가 여기저기 쌓여 있었다. 산에 놀러 온 사람들이 먹다 버리고 간 컵라면 용기, 과자 봉지, 종이컵이 아무렇게나 버려져 있었다. 계곡물도 몹시 더러웠다.

　　이렇게 아름다운 산을 나부터 지켜 주어야겠다는 생각이 들어 아버지와 함께 쓰레기를 주워 내려왔다.

 '나'와 아버지가 간 곳은 어디인지 이 글에서 찾아 두 글자로 빈칸에 쓰세요.

(　　　　　　　　)

 이 글의 내용을 원인과 결과에 따라 알맞게 정리한 친구에게는 ○표, 알맞게 정리하지 <u>못한</u> 친구에게는 ✕표 하세요.

세효: 뒷산에 쓰레기가 여기저기 쌓여 있었어. 하지만 계곡물도 몹시 더러웠어.	수아: 날씨가 맑고 시원해 집 밖으로 나가고 싶었어. 그래서 아버지를 따라 뒷산에 갔어.	도윤: 뒷산에서 지독한 냄새가 났어. 왜냐하면 쓰레기가 여기저기 쌓여 있었기 때문이야.
(　　　)	(　　　)	(　　　)

'나'가 쓰레기를 주워 내려온 까닭으로 알맞은 것은 무엇인가요? (　　　　　)

① 자신이 버린 것이기 때문에

② 산을 지켜 주고 싶었기 때문에

③ 산을 오르며 계곡물을 더럽혔기 때문에

④ 쓰레기 줍는 것을 평소에 좋아하기 때문에

⑤ 아버지를 따라 산에 오르면서 쓰레기를 줍기로 약속했기 때문에

뜻이 여러 가지인 말

밑줄 친 '지독하다'의 뜻으로 알맞은 것을 찾아 선으로 잇고, 아래의 낱말을 따라 쓰세요.

더위가 지독하다.

날씨나 기온 등이 일정한 한계를 넘다.

쓰레기 냄새가 지독하다.

병 등이 더할 수 없을 정도로 심하다.

심한 감기에 걸렸네.

감기가 아주 지독하다.

맛이나 냄새 등이 해롭거나 참기 어려울 정도로 심하다.

' 지 독 하 다 '는 하나의 낱말이지만 여러 가지 뜻을 지니고 있습니다.

원인과 결과 파악하기 ❷

🌳 **다음 이야기를 읽고 물음에 답해 봅시다.**

옛날, 어느 마을에 의좋은 형제가 살았습니다. 어느 날, 형과 함께 다리를 건너던 아우가 강바닥에서 번쩍번쩍 빛나는 금덩이 두 개를 발견했습니다. 아우는 금덩이를 얼른 건져 냈습니다. 그리고 그중에서 한 개를 형에게 주었습니다.

그런데 다리를 어느 정도 건넜을 때, 갑자기 아우가 금덩이를 강물에 던져 버렸습니다. 형은 깜짝 놀라 그 까닭을 물었습니다.

"저는 평소에 형님을 사랑하고 아끼는 마음이 매우 두터웠습니다. 그런데 지금 금덩이 하나를 형님께 드리고 나니 자꾸 형님을 미워하는 마음이 생기지 않겠어요?"

이 말을 듣고 형도 가지고 있던 금덩이를 꺼내어 강물에 던져 버렸습니다.

1 두 형제가 다리를 건너다가 어떤 일이 일어났는지 이 글에서 찾아 빈칸에 알맞은 말을 쓰세요.

아우가 (   )를 강물에 던져 버렸다.

2 아우는 왜 형님을 미워하는 마음이 생겼나요? 원인을 알맞게 짐작한 것에 ⭕표 하세요.

(1) 형님에게 더 많은 금을 받지 못했기 때문에 ····························· (   )

(2) 형님에게 나누어 준 금덩이가 탐이 났기 때문에 ························ (   )

3 아우의 마음을 알게 된 형님은 어떤 선택을 하였나요? 알맞은 것에 ⭕표 하세요.

금덩이를 버린 아우를 혼내 주었다.	아우처럼 금덩이를 강물에 던져 버렸다.	강물에 들어가 아우가 버린 금덩이를 찾아왔다.
☐	☐	☐

다음 이야기를 읽고 물음에 답해 봅시다.

임금님은 삼 형제를 위하여 큰 잔치를 베풀어 주었습니다.

"자, 이제 약속한 대로 우리 예쁜 공주의 신랑감을 골라야겠소. 그런데 신랑감이 셋이니 이를 어쩐담?"

임금님이 걱정을 하면서 옆에 서 있던 신하들에게 어떻게 하면 좋을지 물어보았습니다. 첫 번째 신하가 말하였습니다.

"임금님, 걱정하실 것 없습니다. 공주님의 병을 고치는 데 가장 큰 공을 세운 사람은 바로 첫째라고 생각합니다. ㉠왜냐하면, 첫째가 가지고 있는 마법 망원경이 없었다면 공주님이 병에 걸린 사실을 알 수 없었기 때문입니다."

그러자 두 번째 신하가 말하였습니다.

"공주님께서 병에 걸린 걸 알았다 해도 마법 양탄자가 없었다면 궁궐로 이렇게 빨리 날아올 수 없었을 겁니다. ㉡그러니까 둘째를 사위로 삼아야 합니다, 임금님."

이번에는 세 번째 신하가 말하였습니다.

"임금님, 마법 망원경으로 임금님이 써서 붙인 글을 보고, 마법 양탄자를 타고 빠르게 날아온 건 사실입니다. 하지만, 막내를 신랑감으로 삼아야 합니다. 왜냐하면, 마법 사과가 없었다면 공주님의 병을 고칠 수 없었기 때문입니다."

㉢"그것참, 사위 고르기 어렵군."

– 세상모든책 편집부, 『초등학생을 위한 탈무드 111가지』 중에서

4 임금님과 신하들은 어떤 고민을 하고 있는지 알맞은 말을 이 글에서 찾아 쓰세요.

> 공주님의 (　　　　　　　　)을 고르는 문제를 고민하고 있다.

5 임금님과 신하들이 공주의 신랑감을 고르는 기준은 무엇인가요? (　　　　)

① 공주의 마음에 드는 사람　　　　② 얼굴이 가장 잘생긴 사람

③ 재주와 능력이 많은 사람　　　　④ 가장 쓸모 있는 마법 도구를 가진 사람

⑤ 공주의 병을 고치는 데 가장 큰 공을 세운 사람

6 이 글에서 ㉠ '왜냐하면'과 ㉡ '그러니까'는 원인과 결과를 이어 주는 말입니다. ㉠과 ㉡의 앞뒤 내용이 '원인'과 '결과' 중 무엇에 해당하는지 순서대로 쓰세요.

| 앞 | 첫째가 공주님의 병을 고치는 데 가장 큰 공을 세웠다. | 결과 |

왜냐하면

| 뒤 | 첫째가 가지고 있는 마법 망원경이 없었다면 공주님이 병에 걸린 사실을 알 수 없었다. | |

| 앞 | 공주님께서 병에 걸린 걸 알았다 해도 마법 양탄자가 없었다면 궁궐로 이렇게 빨리 날아올 수 없었다. | |

그러니까

| 뒤 | 둘째를 사위로 삼아야 한다. | |

7 ㉢에 담긴 뜻은 무엇인가요? (   )

① 삼 형제 말고 다른 사윗감을 더 찾아야 한다.
② 신하들이 적절하지 않은 까닭을 들어 말하고 있다.
③ 삼 형제가 모두 공이 있어서 한 명을 고르기가 어렵다.
④ 사윗감으로 삼 형제가 모두 마음에 들지 않아 고를 수 없다.
⑤ 삼 형제 중에서 사위를 고르는 것은 어려우므로 이 일은 그만두어야 한다.

한 문장 마무리

8 빈칸에 알맞은 말을 써서, 이 글의 내용을 정리해 보세요.

임금님은 삼 형제 중 누구를 공주의 ☐☐☐ 으로 삼을지 고민하고 있습니다.

이어 주는 말

● 다음 그림을 보고, 빈칸에 들어갈 알맞은 말을 골라 ⭕표 하세요.

다영이는 딸기를 좋아한다. ( ) 사과는 싫어한다.

| 그러나 | 왜냐하면 |

현우는 어머니께 혼이 났다. ( ) 장난을 치다가 꽃병을 깨뜨렸기 때문이다.

| 그런데 | 왜냐하면 |

영현이는 그림을 잘 그린다. ( ) 태권도도 잘한다.

| 그러나 | 그리고 |

날씨가 흐리다. ( ) 달이 잘 안 보인다.

| 그래서 | 그러나 |

원인과 결과 파악하기 ③

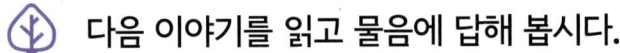

🌳 다음 이야기를 읽고 물음에 답해 봅시다.

옛날 옛적에 하늘나라 임금님에게 베를 잘 짜는 직녀라는 딸이 있었습니다. 어느덧 시집갈 때가 되어 직녀는 견우라는 청년과 결혼하였습니다. 견우는 하늘나라의 소를 돌보는 사람이었습니다. 견우와 직녀는 결혼을 한 뒤에 일은 하지 않고 놀러만 다녔습니다.

화가 머리끝까지 난 임금님은 견우는 동쪽에, 직녀는 서쪽에서 살도록 명령하였습니다. 견우와 직녀는 서로 떨어져 살 수 없다고 울면서 애원하였습니다.

임금님은 화가 풀리지 않았습니다.

"일 년에 한 번만 만나도록 하여라. 칠월 칠석날 밤, 은하수를 사이에 두고 강가에서 서로 바라보는 것만은 허락하겠노라."

그래서 두 사람은 그날부터 헤어져 살게 되었습니다. 견우와 직녀는 자신의 잘못을 깨닫고 일을 열심히 하였습니다. 그러나 서로 그리워하는 마음은 사라지지 않았습니다.

1 견우와 직녀에게 일어난 일을 원인과 결과로 나누어 정리하였습니다. 빈칸에 들어갈 알맞은 내용을 보기 에서 골라 각각 기호를 쓰세요.

> 보기   ㉠ 견우와 직녀가 결혼을 한 뒤에 일을 하지 않고 놀러만 다녔다.
> ㉡ 임금이 화가 나서 두 사람을 헤어져 살게 하고, 일 년에 한 번만 만날 수 있게 하였다.

원인		결과
	→	

수영 실기 수업을 가기 전날 밤이었습니다. 수영을 좋아해서 이틀에 한 번은 수영장에 가는 준서는 실기 수업이 무척 기대가 되었습니다. 수영장에는 자주 가지만 친구들과 함께 가는 것은 처음이기 때문입니다. 그런 준서를 보고 어머니께서 말씀하셨습니다.

"준서야, 수영모는 빨래 건조대에 널어 놓았어. 내일 아침에 꼭 챙겨 가렴. 수영복은 가방 속에 들어 있단다. 엄마는 내일 아침에 일찍 출근해야 해서 챙겨 주지 못할 것 같구나."

"네, 어머니. 걱정 마세요."

준서는 휴대 전화 게임을 하며 건성으로 대답하였습니다. 수영장에 여러 번 가 보았기 때문에 준비물쯤은 거뜬히 챙길 자신이 있었습니다. 휴대 전화 게임을 하다 보니 시간이 쏜살같이 지나갔습니다. 준서는 평소보다 늦게 잠이 들었습니다.

다음 날 아침, 준서는 늦잠을 잤습니다. 어머니께서 깨워 주셨지만 조금 더 자고 싶어 다시 침대로 들어갔다가 너무 늦게 일어난 것입니다.

'어제 어머니께서 뭘 챙겨 가라고 하셨는데. 뭐였지? 에휴, 모르겠다. 어서 가자.'

준서는 헐레벌떡 학교로 갔습니다. 준서가 교실에 들어서자 선생님께서 친구들에게 물으셨습니다.

"여러분, 오늘 수영복과 수영모 모두 챙겨 왔나요?"

그때서야 준서는 수영모를 가져오지 않은 것이 생각났습니다.

"선생님, 저 수영모를 안 가지고 왔어요. 어쩌죠? 죄송합니다."

그때 친구 영준이가 말했습니다.

"준서야, 나에게 수영모가 하나 더 있어. 내가 빌려줄게. 걱정하지 마."

준서는 영준이에게 고맙다고 말했습니다.

교실을 나와 차를 타고 가서 수영장에 도착했습니다. 준서는 영준이 덕분에 신나게 수영을 했습니다. 다음에는 준비물을 꼼꼼하게 챙겨야겠다고 생각했습니다.

2 준서가 어머니의 말씀을 주의 깊게 듣지 <u>않은</u> 까닭은 무엇인가요? (   )

① 너무 잠이 와서
② 숙제를 하느라 바빠서
③ 휴대 전화 게임을 하느라고
④ 이미 준비물을 모두 챙겨 두어서
⑤ 어머니께서 준비물을 모두 챙겨 주셔서

3 준서가 늦잠을 잔 결과 어떤 일이 일어났나요? 알맞은 것에 ○표 하세요.

수영모를 사지 못했다.	수영모를 가져오지 못했다.	어머니가 학교까지 차로 태워다 주셨다.
( )	( )	( )

4 이 글에서 알 수 있는 준서의 마음 변화로 알맞은 것은 무엇인가요? (   )

① 걱정됨. → 부끄러움. → 고마움.
② 신이 남. → 걱정됨. → 화가 남.
③ 신이 남. → 후회가 됨. → 뿌듯함.
④ 기대가 됨. → 걱정됨. → 고마움.
⑤ 기대가 됨. → 속상함. → 미안함.

5 수영 실기 수업을 마친 후 준서가 어머니께 보냈을 문자 메시지로 알맞은 것에 ○표 하세요.

어머니, 오늘 늦잠을 자서 수영모를 결국 놓고 왔어요. 왜 미리 챙겨 주지 않으셨어요? 앞으로는 미리미리 준비물을 꼭 가방에 챙겨서 넣어 주시면 좋겠어요. ☐

어머니, 오늘 늦잠을 자서 수영모를 결국 놓고 왔어요. 그래도 친구가 빌려주어서 다행히 수업은 잘 받았어요. 앞으로 준비물을 미리 잘 챙기고 확인도 할게요. ☐

한 문장 마무리

6 빈칸에 알맞은 말을 써서, 이 글의 내용을 정리해 보세요.

☐☐을 잔 준서는 ☐☐☐을 가져오지 않은 것을 알고 걱정했지만, 다행히 친구 영준이가 ☐☐ 주어서 신나게 수영을 할 수 있었습니다.

공통된 한자가 붙는 말

● 공통된 한자가 붙는 말을 따라 쓰고, 그 뜻을 알아보세요.

| 수 | 영 | 복 |
을 입고 해수욕을 했다.

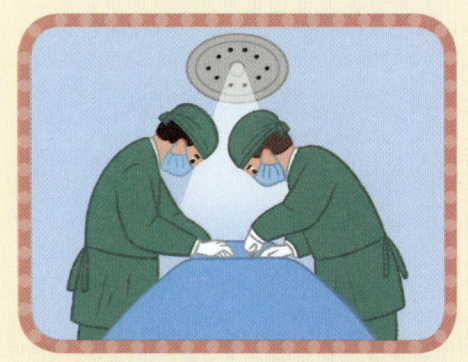

의사는 | 수 | 술 | 복 |을 입고 수술을 한다.

반도체 공장에서는 | 방 | 진 | 복 |을 입어야 한다.

이 낱말들에는 공통으로 '복'이 들어 있어요. 한자 '복(服)'은 어떤 말의 뒤에 붙어서 '옷'이라는 뜻을 더해 주는 말이에요. '수영복'은 수영할 때 입는 옷, '수술복'은 수술할 때 입는 옷, '방진복'은 먼지를 막기 위해 작업할 때 입는 옷을 뜻해요.

3주 3일
정답 확인

오늘 나의 실력을 평가해 봐!

🦊 부모님 응원 한마디

원인과 결과 파악하기 ❹

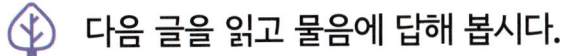

🌳 다음 글을 읽고 물음에 답해 봅시다.

> 조선 시대 명재상이었던 ㉠황희는 늘 검소한 생활을 하였습니다. 황희의 아들인 황치신이 호조 판서를 지내던 때, 그동안 모은 돈으로 새로 집을 지어 이사를 하였습니다. 그리고 친구들의 권유로 잔치를 벌였습니다. 물론 아버지인 황희도 잔치에 초대를 받았습니다.
>
> 황치신이 문 앞에서 아버지를 기다리는데, 이윽고 황희가 나타났습니다. ㉡그런데 새로 지은 집을 살펴본 황희는 몸을 돌려 다시 돌아가는 것이었습니다. 놀란 황치신이 달려가 말하였습니다.
>
> "아버님, 왜 그냥 가십니까?" / "뉘시오?"
>
> "아버님, 저 아들 치신이옵니다." / "나는 당신 같은 아들을 둔 적이 없소."
>
> 이렇게 말한 황희는 뒤도 돌아보지 않고 가 버렸습니다.
>
> – 임복근, 『황희』 중에서

1 ㉠으로 보아 황희가 중요하게 생각하는 것은 무엇인지 ○표 하세요.

부모님께 효도하는 것	검소하게 생활하는 것	아들이 예의를 지키는 것
( )	( )	( )

2 ㉡의 원인을 짐작한 것으로 가장 알맞은 것에 ○표 하세요.

(1) 아들이 잔치에 친구들만 초대했기 때문에 ·····························(   )

(2) 잔치에서 어울릴 사람이 없어 실망했기 때문에 ·····················(   )

(3) 검소하게 생활하지 않는 아들에게 실망했기 때문에 ···············(   )

🌳 다음 이야기를 읽고 물음에 답해 봅시다.

독일의 어느 작은 마을에 쥐 떼가 나타났습니다. 길거리는 물론이고, 집안 곳곳이 쥐로 가득 찼습니다.

"으악, 쥐들이 우리 아침밥을 모두 먹어 버렸어요!"

"엄마, 내 신발에 쥐가……."

마을 사람들은 쥐를 없애려고 여러 가지 방법을 다 써 보았지만, 쥐는 더욱 늘어날 뿐이었습니다.

그러던 어느 날, 신기한 피리를 불며 한 사나이가 마을에 나타났습니다. 그 피리는 소리가 몹시 아름다울 뿐만 아니라, 듣는 이의 마음을 움직이는 힘을 가지고 있었습니다. 사람들은 그에게 쥐 떼를 없애 달라고 부탁하였습니다. 그러면 큰돈을 주겠다고 약속도 하였습니다.

사나이는 피리를 불어 쥐 떼를 강물로 꾀어내었습니다. 그 많던 쥐가 모두 강물 속으로 사라졌습니다. 그리고 마을에는 기쁨이 찾아왔습니다.

그런데 마을에는 사나이에게 약속한 만큼의 돈이 없었습니다. 마을 사람들은 일단 쥐 떼를 없애고 보자는 속셈으로 사나이에게 거짓말을 한 것이었습니다. 마을 사람들이 약속을 지키지 않자, 사나이는 몹시 화가 났습니다.

화가 난 사나이가 또다시 피리를 불기 시작했습니다. 그러자 마을의 모든 어린아이들이 그 아름다운 소리를 따라 걷기 시작하였습니다. 순식간에 마을의 모든 어린아이들이 사나이의 피리 소리를 따라 어디론가 사라져 버렸습니다.

마을에는 커다란 슬픔이 찾아왔습니다. 그것은 ㉠사람들이 약속을 지키지 않은 결과였습니다.

3 사나이가 부는 피리에 대한 설명으로 알맞은 것에 ○표 하세요.

모양이 아름답다.	소리가 나지 않는다.	듣는 이의 마음을 움직이는 힘이 있다.
☐	☐	☐

4 마을 사람들이 피리 부는 사나이에게 부탁한 것을 알맞게 말한 친구의 이름을 쓰세요.

> 누리: 쥐 떼를 없애 달라고 부탁했어.
>
> 도현: 피리 연주 방법을 가르쳐 달라고 부탁했어.

(   )

5 피리 부는 사나이가 화가 난 까닭으로 알맞은 것은 무엇인가요? (   )

① 자신의 신발에 쥐가 들어가서

② 마을 사람들이 약속을 지키지 않아서

③ 마을 사람들이 피리를 불지 못하게 해서

④ 마을의 아이들이 어디론가 모두 사라져 버려서

⑤ 마을의 아이들이 자꾸 피리를 불어 달라고 졸라서

6 ㉠ '사람들이 약속을 지키지 않은 결과'로 알맞은 것을 찾아 ○표 하세요.

(1) 마을에 다시 쥐 떼가 나타났다. ···································· (   )

(2) 마을 사람들의 돈이 모두 사라져 버렸다. ···················· (   )

(3) 마을의 모든 어린아이들이 어디론가 사라져 버렸다. ············ (   )

한 문장
마무리

7 빈칸에 알맞은 말을 써서, 이 글의 내용을 정리해 보세요.

> 피리 부는 사나이는 ☐☐ 을 지키지 않은 마을 사람들에게 화가 나서 또다시 피리를
>
> 불어 마을의 모든 ☐☐☐☐☐ 을 사라지게 했습니다.

헷갈리기 쉬운 말

○ 다음 그림을 보고, 문장에 어울리는 말을 골라 ○표 하세요.

양 (때, 떼)가 풀을 뜯고 있다.

옷에 (때, 떼)가 잔뜩 묻었다.

빠른 (거름, 걸음)으로 걸어왔다.

농부가 밭에 (거름, 걸음)을 주고 있다.

원인과 결과 파악하기 ⑤

🌳 다음 이야기를 읽고 물음에 답해 봅시다.

거북은 멋지게 하늘을 나는 매가 정말 부러웠습니다.

어느 날, 거북이 매를 만나서 졸랐습니다.

"매야, 나도 너처럼 하늘을 날고 싶어. 높은 곳까지 나를 좀 데려다줄 수 없겠니?"

"네가 하늘을 날겠다고? 너는 날개가 없어서 하늘을 날 수 없어."

그러나 거북이 계속해서 애원하자 매는 마지못해 거북의 부탁을 들어주기로 했습니다. 매는 거북을 움켜잡고 하늘 높이 날아올랐습니다. 거북은 멀리 보이는 멋진 풍경에 감탄했습니다.

"야, 저 산 좀 봐. 집도 개미처럼 작아 보이잖아. 나도 이제 하늘을 날 수 있을 것 같아."

"뭐라고? 하늘을 날 수 있을 것 같다고?"

"다리를 빨리 움직이면 날 수 있을 것 같아. 매야, 이제 나를 놓아줘."

매는 놓아 달라고 발버둥 치는 거북을 높은 하늘에서 놓았습니다. 거북은 재빨리 다리를 흔들었습니다. 그러나 생각한 것처럼 다리를 움직여서는 날 수가 없었습니다. 그래서 거북은 그만 땅에 떨어지고 말았습니다.

1 다음을 보고, 이어 주는 말 그래서 의 앞뒤 문장이 각각 '원인'과 '결과' 중 무엇인지 쓰세요.

> 거북은 재빨리 다리를 흔들었지만, 다리를 움직여서는 날 수가 없었습니다.
> (   )
>
> 그래서 거북은 그만 땅에 떨어지고 말았습니다.
> (   )

다음 이야기를 읽고 물음에 답해 봅시다.

옛날, 어느 마을에 김 선비와 이 선비가 살고 있었습니다. 어느 무더운 여름날, 김 선비는 이 선비의 집을 방문하였습니다. 그런데 이 선비는 허허 웃으며 무릎이 다 드러나는 짧은 바지를 입고 있었습니다. 김 선비는 이상한 생각이 들었습니다. 그래서 이 선비에게 넌지시 물어보았습니다. 이 선비는 껄껄 웃으며 짧은 바지를 입고 있는 사정을 이야기하여 주었습니다.

며칠 전, 이 선비는 새로 지은 옷을 입어 보니 바지가 한 뼘이나 길어서 땅에 질질 끌렸습니다. 그래서 세 딸이 모여 있는 방 밖에서 헛기침을 하며 말하였습니다.

"얘들아, 누가 내 바지를 한 뼘만 줄여 다오."

"네." / 하고 세 딸이 모두 대답을 하였습니다.

이튿날 오후가 되었습니다. 이 선비는 밖으로 나가기 위하여 그 바지를 입으려고 하였습니다. 그런데 줄여 놓은 바지가 너무 짧아서 무릎이 다 드러났습니다. 이 선비는 깜짝 놀라 세 딸을 불러 놓고 말하였습니다.

"아니, 어젯밤에 내가 분명히 바지를 한 뼘만 줄여 달라고 하지 않았느냐?"

첫째 딸이 고개를 갸우뚱거리며 말하였습니다.

"저는 어젯밤에 아버지께서 말씀하신 대로 분명히 바지를 한 뼘만 줄여 놓았습니다."

그러자 둘째 딸이 깜짝 놀라며 말하였습니다.

"저는 그런 줄도 모르고 오늘 새벽에 일어나 그 바지를 한 뼘 줄여 놓았습니다. 죄송합니다, 아버지."

언니들의 말을 듣고 있던 셋째 딸도 기어들어가는 목소리로 말하였습니다.

"이걸 어쩌면 좋아? 저는 언니들이 줄여 놓은 줄도 모르고 오늘 아침에 또 한 뼘을 줄여 놓았습니다."

이야기를 들은 김 선비는 고개를 끄덕이며 집으로 돌아갔습니다.

2 이 글의 등장인물로 알맞지 <u>않은</u> 것은 무엇인가요? (   )

① 바지   ② 김 선비   ③ 이 선비   ④ 첫째 딸   ⑤ 둘째 딸

3 이 선비를 보고 김 선비가 이상하게 생각한 것은 무엇인가요? (   )

① 집 안에서 긴 바지를 입고 있어서

② 점잖은 선비가 화를 내며 서 있어서

③ 짧은 바지를 입고도 기분이 좋아 보여서

④ 아픈 척하며 김 선비와 말도 하기 싫은 듯 하여서

⑤ 약속 시간이 다 되었는데도 집 밖으로 나오지 않아서

4 이 선비가 딸들에게 부탁한 것은 무엇인지 빈칸에 알맞은 말을 쓰세요.

> 바지를 (   )만 줄여 달라는 것

5 다음은 이 글을 읽고 원인과 결과를 정리한 것입니다. 빈칸에 들어갈 알맞은 이어 주는 말은 무엇인가요? (   )

> 세 딸이 이 선비의 바지를 한 뼘씩 줄였다. (   ) 이 선비의 바지가 아주 짧아졌다.

① 또는   ② 한편   ③ 그래서   ④ 그러나   ⑤ 하지만

6 다음 중 이 선비와 김 선비의 마음을 알맞게 짐작한 것에 ○표 하세요.

(1) 김 선비는 아버지를 위하는 세 딸을 둔 이 선비가 부러웠을 것이다. ······· (   )

(2) 이 선비는 자신의 바지를 못쓰게 만들어 놓은 딸들에게 화가 났을 것이다. ·· (   )

한 문장 마무리

7 알맞은 말에 ○표 하여, 이 글의 내용을 정리해 보세요.

> 이 선비가 김 선비에게 짧아진 바지 이야기를 들려주며 딸들의 (무심, 효심)을 자랑하고 있 습니다.

뜻을 더해 주는 말

○ 다음 그림을 보고, '헛-'이 들어간 말을 따라 쓰세요.

연설을 하기 전에 헛 기 침 을 하며 목을 가다듬었다.

학교에 귀신이 살고 있대.

학교에 귀신이 살고 있다는 헛 소 문 이 학생들 사이에 떠돌았다.

《서울역》

기차를 놓치지 않으려고 있는 힘껏 뛰었지만 헛 수 고 였다.

'헛 -'은 어떤 말의 앞에 붙어서 뜻을 더하여 새로운 낱말을 만드는 말들 중 하나로, '이유 없는', '보람 없는'의 뜻을 더하는 말입니다.

3주 5일
정답 확인

오늘 나의 실력을 평가해 봐!

🐱 부모님 응원 한마디

_____

인물의 특성 파악하기 ❶

🌿 다음 만화 속 인물의 특성을 알맞게 말한 친구의 이름에 ⭕표 하세요.

토끼야, 네 간이 약이 된다고 하여 자라를 시켜 너를 데려왔노라.

용왕님, 제 간이 만병통치약이라서 산속 바위 밑에 숨겨 두었습니다. 지금은 간이 없어서 산속에 다시 다녀와야 합니다.

그래? 어서 자라와 함께 산속에 다녀오거라.

이 미련한 자라야. 간을 어떻게 마음대로 꺼내니?

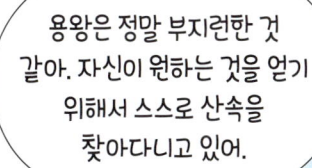

용왕은 정말 부지런한 것 같아. 자신이 원하는 것을 얻기 위해서 스스로 산속을 찾아다니고 있어.

서아

꾀를 내서 자신의 목숨을 지켜 낸 토끼가 정말 영리한 것 같아.

성우

인물의 특성을 알맞게 말한 친구는 (서아, 성우)입니다.

'인물'은 이야기 속에 등장하여 말하고 행동하는 모든 사람들을 뜻해요. 이야기 속 인물은 사람뿐만 아니라, 동물, 로봇 등 사람처럼 말하고 행동하는 모든 것이에요. 인물은 저마다 다른 성격과 특징을 가지고 있어요. 그래서 이들의 행동이나 말, 성격뿐만 아니라, 서로 간의 관계 등을 파악하면 이야기를 더 잘 이해할 수 있지요. 자, 이제 인물의 특성에 주목하여 이야기를 읽어 볼까요?

 **1** 다음 만화를 보고, 인물의 특성을 파악해 보세요.

 이 만화의 등장인물을 둘 찾아 ○표 하세요.

아버지   아이들   나뭇가지

 💡 인물들의 관계는 인물의 말과 행동을 통해 알 수 있어요.

이 만화에서 인물들의 관계는 어떠한가요? (   )

① 아이들은 아버지에게 대들고 있다.

② 아버지가 한 아이의 편만 들고 있다.

③ 아이들은 사이좋게 이야기를 하고 있다.

④ 아버지가 아이들에게 교훈을 주고 있다.

⑤ 아이들이 나뭇가지와 힘을 겨루고 있다.

 이 만화에서 아버지가 아이들에게 말하고자 한 것은 무엇인가요? (   )

① 열심히 공부해야 한다.

② 약속을 잘 지켜야 한다.

③ 웃어른을 공경해야 한다.

④ 형제간에 우애 있게 지내야 한다.

⑤ 형제간이라도 서로 경쟁심을 가져야 한다.

 **2** 다음 이야기를 읽고, 인물의 특성을 파악해 보세요.

옛날, 아주 먼 옛날, 하늘에 깜깜한 까막나라가 있었습니다.

"누가 불을 구해 올 수만 있다면……."

그러나 어느 누구도 불을 가져오겠다고 나서는 이가 없었습니다. 모두 고개만 숙이고 있었습니다.

그때, ⬚ ㉠ ⬚ 개 한 마리가 임금님 앞에 나섰습니다.

"임금님, 제가 불을 구해 오겠습니다. 저를 보내 주십시오."

"오, 그게 정말이냐? 네가 불을 구해 온다면 큰 상을 내리리라."

임금님은 그 개에게 '불개'라는 이름을 지어 주었습니다.

– 정승각, 『까막나라에서 온 삽사리』 중에서

 임금님은 왜 '불개'라는 이름을 지어 주었나요? 알맞은 설명에 ○표 하세요.

(1) 불처럼 붉은색을 띠어서 ·······························(   )

(2) 불같이 사나운 성격을 가져서 ·······················(   )

(3) 불을 구해 오는 일을 하게 되어서 ····················(   )

💡 인물의 성격은 인물이 한 말과 행동을 통해 짐작할 수 있어요.

✌ **㉠에 들어갈 불개의 성격을 나타내는 말로 알맞은 것은 무엇인가요? (   )**

① 게으른   ② 소심한   ③ 용감한

④ 짓궂은   ⑤ 겁이 많은

불개의 성격을 어떻게 알 수 있나요? 알맞게 설명한 것에 ○표 하세요.

깜깜한 까막나라에 살고 있다는 것과 '불개'라는 이름을 통해 불개의 성격을 짐작할 수 있어.	아무도 불을 구해 오려 하지 않는데 불을 구해 오겠다고 당당히 말하는 것을 통해 불개의 성격을 알 수 있어.
( )	( )

뜻이 여러 가지인 말

○ 밑줄 친 '짓다'의 뜻으로 알맞은 것을 찾아 선으로 잇고, 아래의 낱말을 따라 쓰세요.

벽돌로 집을 짓다.

· 이름 등을 정하다.

이제부터 네 이름은 솔이야.

아기의 이름을 짓다.

· 여러 가지 재료를 섞어 약을 만들다.

한의원에서 보약을 짓다.

· 재료를 가지고 밥, 옷, 집 등을 만들다.

' 짓 다 '는 하나의 낱말이지만 여러 가지 뜻을 지니고 있습니다.

오늘 나의 실력을 평가해 봐!   📢 부모님 응원 한마디

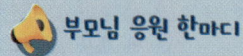

인물의 특성 파악하기 ❷

 다음 이야기를 읽고 물음에 답해 봅시다.

옛날 어느 마을에 가난한 선비가 살았는데, 하루는 친구 집에서 아들을 장가보낸다는 소식을 들었습니다. 가서 축하해 주는 것이 마땅하겠으나 당장 입고 갈 옷 하나 변변치 않아 선물만 보내기로 하였습니다. 선물이라고 하지만 가난한 사람이라서 별다른 것을 보낼 수도 없었습니다. 그러나 축하하는 마음만은 누구 못지 않았습니다.

가난한 선비는 달걀 열두 개를 사람 편에 보내면서 편지를 썼습니다.

"자네가 며느리를 맞이한다니 얼마나 기쁜 일인가? 여기 막 부화하려는 달걀 열두 개로 삼가 축하의 뜻을 전하네. 신랑 신부가 이 달걀처럼 둥글고 알차게 살기를 바라네. 또, 달걀이 열둘이니 열두 달 내내 복을 받고 자손도 병아리만큼 많이 두고, 그 병아리가 자라듯 살림도 크게 번창하기를 바라네. 겉은 백옥 같고 속은 황금과 한가지이니 옥으로 받아서 황금처럼 쓰시게."

선물과 편지를 받은 신랑 아버지는 무척 기뻤습니다.

"아, 세상에 이보다 더 큰 축하의 뜻이 담긴 선물이 어디 있겠는가?"

- 최래옥 엮음, 『달걀 열두 개로 한 축하』 중에서

1 이 글의 등장인물에 대한 설명으로 알맞은 것을 두 가지 고르세요. (　　,　　)

① 선비는 친구를 진심으로 생각하는 따뜻한 마음을 지녔다.

② 선비는 친구의 행복을 질투하고 가난한 자신의 처지를 슬퍼하였다.

③ 신랑 아버지는 다른 사람의 기분을 헤아리지 못하였다.

④ 신랑 아버지는 겨우 달걀을 선물해 준 친구에게 실망하였다.

⑤ 신랑 아버지는 다른 사람의 처지와 마음을 너그럽게 이해하고 있다.

🌲 다음 이야기를 읽고 물음에 답해 봅시다.

옛날, 어느 산골에 어머니와 돌이라는 아들이 살고 있었습니다.

어느 날, 돌이는 산에서 호랑이를 만났습니다. 돌이는 아찔했지만 순간 꾀를 내어 "아이고, 형님 아니십니까? 이제야 만났군요." 하며 절을 하였습니다.

"그게 무슨 소리냐? 나를 보고 형님이라니?"

호랑이가 물으니 돌이는 눈물을 흘리며 말하였습니다.

"본래 형님과 저는 쌍둥이였지요. 그런데 형님이 호랑이 모습으로 태어났기 때문에 어쩔 수 없이 사람들의 눈을 피해 숲속으로 보내진 것입니다. 어머님은 그 뒤 지금까지 형님을 보고 싶어 하시다가 깊은 병환이 들고 말았습니다. 형님을 찾았으니 이제 어머님의 병환도 곧 나으실 것입니다."

호랑이는 돌이의 말을 듣고는 눈물을 글썽이며 답하였습니다.

"내가 이 모습으로 어찌 어머니를 뵙겠느냐. 기운을 차리시도록 고기나 잡아 보내 주겠다."

이렇게 하여 돌이는 놀란 가슴을 쓸어내리며 간신히 집으로 돌아왔습니다.

그 다음날부터 호랑이는 어머니가 돌아가실 때까지 아침마다 고기를 가져다주었습니다.

어느 날, 돌이가 어머니의 산소에 들렀는데 새끼 호랑이 세 마리가 머리에 하얀 댕기를 묶고 울고 있었습니다. 놀란 돌이가 무슨 일이냐고 묻자, 새끼 호랑이 중에서 한 마리가 대답하였습니다.

"저희 할머니께서는 사람이었는데 얼마 전에 돌아가셨어요. 그 충격으로 아버지께서는 시름시름 앓다가 어제 세상을 떠나셨어요."

2 이 글에 등장하는 인물이 <u>아닌</u> 것은 누구인가요? (   )

① 돌이   ② 어머니   ③ 호랑이   ④ 할아버지   ⑤ 새끼 호랑이

3 돌이가 호랑이를 보고 '형님'이라고 부른 까닭으로 알맞은 것에 ○표 하세요.

(1) 호랑이에게 잡아먹히지 않기 위해 ·· (   )

(2) 돌이가 원래는 호랑이였기 때문에 ······································· (   )

(3) 어머니께서 호랑이를 형님처럼 모시라고 했기 때문에 ·················· (   )

4 이 글에서 일어난 사건을 시간 순서대로 정리하려고 합니다. 각 그림을 잘 보고 순서에 맞게 빈칸에 알맞은 번호를 쓰세요.

호랑이가 아침마다 고기를 가져다줌.	꾀를 내어 호랑이를 속임.	어머니가 돌아가시자 호랑이도 죽음.	산속에서 호랑이를 만남.
☐	☐	☐	☐

5 호랑이는 자신과 돌이가 쌍둥이였다는 이야기를 듣고 기분이 어떠하였을까요? (   )

① 행복하고 즐거웠다.   ② 지루하고 귀찮았다.

③ 놀라고 당황스러웠다.   ④ 부끄럽고 창피하였다.

⑤ 화가 나고 기분이 나빴다.

6 이 글에 나타난 인물들의 행동을 알맞게 말한 친구는 누구인가요? (   )

① 민정: 호랑이는 돌이의 거짓말을 알면서도 속아 줬어.

② 준이: 호랑이는 자신의 목숨이 다할 때까지 효도를 했어.

③ 보람: 돌이의 어머니는 호랑이를 진짜 자기 자식으로 받아들였어.

④ 민혁: 돌이는 아버지를 잃은 새끼 호랑이들을 데려가 대신 키웠어.

⑤ 누리: 돌이는 어머니가 돌아가셨다는 소식을 호랑이에게 직접 알렸어.

 **한 문장 마무리**

7 빈칸에 알맞은 말을 써서, 이 글의 내용을 정리해 보세요.

호랑이는 자신과 돌이가 ☐☐☐라는 돌이의 거짓말을 믿고 목숨이 다할 때까지 효를 실천했습니다.

흉내 내는 말

● 다음 그림을 보고, 흉내 내는 말을 보기 에서 골라 빈칸에 알맞게 쓰세요.

보기	시름시름	얼기설기	터덜터덜	티격태격

며칠째 ☐☐☐☐ 앓고 있다.

힘없이 ☐☐☐☐ 집으로 걸어갔다.

친구와 사소한 일로 ☐☐☐☐ 다투
었다.

뜨개질이 처음이라 서툴러서 목도리의 모양이
☐☐☐☐ 엉망이다.

 4주 2일
정답 확인
 오늘 나의 실력을 평가해 봐! 부모님 응원 한마디

_____

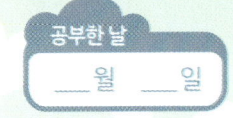

인물의 특성 파악하기 ❸

🌳 다음 만화를 보고 물음에 답해 봅시다.

1 이 만화에 대한 설명으로 알맞지 <u>않은</u> 것은 무엇인가요? (   )

① 중심인물은 아들이다.

② 아들은 꿈속에서 소가 되었다.

③ 아들은 어머니의 말을 듣지 않고 게으름만 피웠다.

④ 꿈에서 깨어난 아들은 열심히 살겠다고 다짐하였다.

⑤ 아들은 꿈속에서 소의 탈을 벗지 못해 현실에서도 소가 되었다.

2 아들과 소의 관계로 알맞은 것에 ⭕표 하세요.

| 아들이 꿈속에서 소로 변한 것이므로 같은 인물이다. ☐ | 소와 인간은 다른 동물이므로 서로 다른 인물이다. ☐ |

🌳 **다음 글을 읽고 물음에 답해 봅시다.**

옛날, 어느 마을에 엄청난 추위가 들이닥쳤습니다. 추위를 견디다 못한 마을 청년들이 마을 한가운데에 있는 고목을 베어 땔감으로 쓰려고 하였습니다. 그러자 한 노인이 막아서며 말하였습니다.

"고목은 오랫동안 우리 마을을 지켜 왔으니 함부로 베는 게 아닐세. 우리 행랑채를 뜯어 땔감으로 쓰고 고목은 그대로 놔두게나."

노인의 말을 듣고, 마을 청년들은 행랑채를 뜯어 땔감으로 썼습니다.

이듬해 봄이 되어 농사지을 일손이 필요하게 되었습니다. 노인이 일할 채비를 하고 논으로 나가려고 할 때였습니다. 낯선 청년 한 사람이 뚜벅뚜벅 마당으로 들어왔습니다.

"영감님, 저를 먹여만 주십시오. 그럼 열심히 일을 하겠습니다."

"하지만, 우리 집에는 자네를 재워 줄 방이 없다네."

"그건 걱정하지 마십시오. 그저 먹여만 주시면 됩니다."

노인이 허락하자 청년은 곧 일을 하기 시작하였습니다. 청년은 논을 갈고 밭을 매며 일꾼 세 사람 몫을 거뜬히 해내었습니다. 가을이 되자, 노인은 엄청나게 많은 곡식을 거두어들였습니다. 노인이 농사를 짓기 시작한 이래 가장 큰 풍작이었습니다. 노인은 열심히 일하여 준 청년이 고마워 곡식을 나누어 주려고 하였습니다. 그러자 청년은 웃으며 말하였습니다.

"저는 고목의 신령입니다. 지난겨울, 영감님께서 저를 베지 못하게 막아 주셔서 그 은혜를 갚으려고 이곳에 왔던 것입니다. 이제 할 일을 다했으니 그만 돌아가겠습니다."

말을 마친 청년은 고목 속으로 쑥 들어가 버렸습니다.

3 마을 청년들이 '고목'을 베려고 한 까닭은 무엇인가요? (   )

① 농사지을 일손들이 묵을 곳을 지어야 했기 때문에
② 고목의 신령이 매년 마을에 엄청난 추위를 몰고 왔기 때문에
③ 날씨가 너무 추워 고목을 베어 땔감으로 쓰려고 했기 때문에
④ 노인이 자신의 행랑채를 땔감으로 쓰지 못하게 하였기 때문에
⑤ 마을 한가운데에 고목이 있어 사람들이 다니기 불편했기 때문에

4 노인이 고목을 베려는 청년들을 막아선 까닭은 무엇인가요? (   )

① 청년들의 평소 행동이 노인의 마음에 들지 않았기 때문에

② 고목의 신령이 노인에게 자신을 베지 말아 달라고 부탁하였기 때문에

③ 고목을 베면 내년에 다시 추위가 왔을 때 땔감으로 쓸 것이 없기 때문에

④ 고목이 오랫동안 마을을 지켜 왔으므로 함부로 베면 안 된다고 생각했기 때문에

⑤ 마을 한가운데 있는 고목을 베면 추위가 더욱 강해질 것이라고 생각했기 때문에

5 이 글에 나타난 인물들 간의 관계를 생각하며 빈칸에 들어갈 알맞은 인물을 이 글에서 찾아 쓰세요.

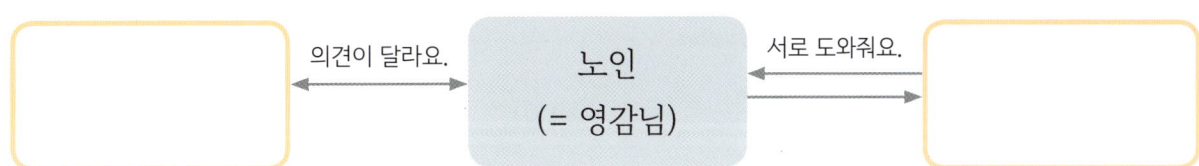

	의견이 달라요.	노인 (= 영감님)	서로 도와줘요.	

6 이 글에서 사건이 일어난 순서대로 번호를 쓰세요.

추위를 견디다 못한 마을 청년들이 고목을 베려고 하였다. ☐

고목의 신령이 자신을 베지 못하게 막아 준 노인을 도와주었다. ☐

노인이 고목을 베는 대신 자신의 집 행랑채를 뜯어 쓰라고 하였다. ☐

한 문장 마무리

7 빈칸에 알맞은 말을 써서, 이 글의 내용을 정리해 보세요.

고목의 신령이 자신을 도와준 노인에게 ☐☐ 를 갚았고, 노인은 농사를 짓기 시작한 이래 가장 큰 ☐☐ 을 거두었습니다.

뜻이 반대되는 말

○ 다음 밑줄 친 낱말과 뜻이 반대되는 말을 골라 ○표 하세요.

올해 포도 농사가 <u>풍작</u>이다.

걸작   흉작

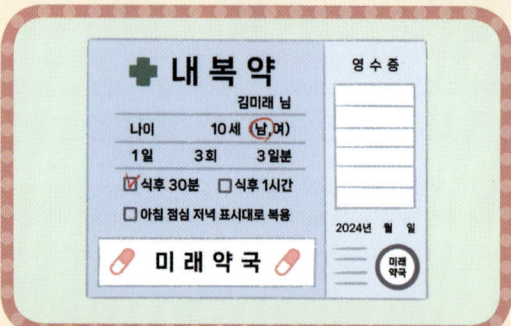

이 약은 <u>식후</u>에 먹어야 한다.

식전   식욕

우리 가족은 지난 주말에 <u>등산</u>을 했다.

하산   화산

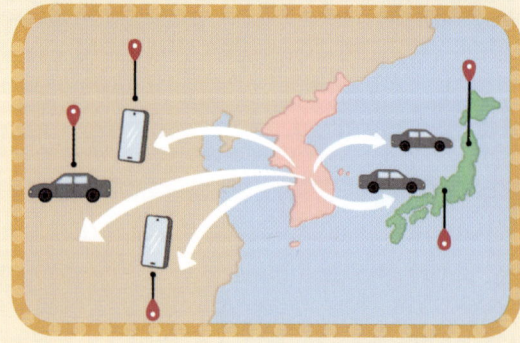

우리나라의 주요 <u>수출</u> 품목은 자동차, 휴대 전화 등이다.

수송   수입

인물의 특성 파악하기 ④

🌳 다음 글을 읽고 물음에 답해 봅시다.

대한민국 임시 정부가 수립되고 나서 얼마 뒤의 일이었습니다. 김구 선생은 안창호 선생을 찾아가서 말하였습니다.

"나에게 대한민국 임시 정부를 지키는 문지기를 시켜 주시오."

안창호 선생은 깜짝 놀라 물었습니다.

"선생님, 어찌 그런 말씀을 하십니까? 선생님 같은 인물이 하필 문지기를 하시다니요?"

"저는 오래전부터 우리나라가 생기면 그 뜰을 쓸고 닦고 문을 지키는 문지기가 되기로 마음을 먹었습니다."

안창호 선생은 김구 선생의 마음에 크게 감동하였습니다.

1 이 글을 읽고 김구 선생은 어떤 인물이라는 것을 알 수 있나요? (   )

① 성급한 인물
② 우유부단한 인물
③ 욕심이 많은 인물
④ 우직하고 충성스러운 인물
⑤ 자신만 소중하게 생각하는 인물

2 이 글을 읽고 인물의 특성을 짐작하는 방법을 알맞게 말한 친구의 이름을 쓰세요.

임시 정부에서 '문지기'를 하려는 김구 선생에게 앞으로 어떤 일이 일어날지 예상해 보면 김구 선생이 어떤 인물인지 짐작할 수 있어.

서준

김구 선생이 '문지기'를 시켜 달라고 말한 것과 오래전부터 정부를 지키는 '문지기'가 되려고 했다는 내용에서 김구 선생이 어떤 인물인지 짐작할 수 있어.

윤서

(   )

🌳 다음 글을 읽고 물음에 답해 봅시다.

어린 시절, 장영실은 아버지도 없이 어머니 밑에서 자라났다. 그러나 총명하고 손재주가 많은 그는, 자신의 어려움과 이웃의 멸시를 이겨 내기 위하여 노력하였다.

신분이 천한 장영실은 열 살 때 관청의 종이 되었다. 그곳에서 물건을 만드는데, 뛰어난 그의 재주가 세종 대왕의 눈에 띄어서 관리가 되었다. 물론, 노비가 관리가 되는 것은 있을 수 없는 일이라고 많은 사람이 반발을 하였지만, 세종 대왕은 그 모든 반대를 막아 주면서 장영실이 자신의 천재성을 키울 수 있도록 도와주었다.

세종 대왕은 신분보다는 장영실의 재주를 귀하게 여겨 벼슬을 내렸다. 세종 대왕의 특별한 보살핌으로 중국 유학까지 다녀온 장영실은 '해시계'를 발명하였다. 하지만, 해시계는 흐린 날씨에는 사용할 수 없어서 물시계를 만들었다. 또, 별들의 움직임을 살펴보는 기구를 만들고 금속 활자도 개량하였다. 세종 23년인 1441년 비가 오는 양을 재는 기구인 측우기를 만들었는데, 이는 서양보다 200년 앞선 것이라고 한다.

장영실은 비록 천한 종의 신분이었지만, 자신의 처지를 원망하며 포기하는 마음보다는 작은 일에도 호기심을 가지고 노력하였다. 그래서 마침내 높은 벼슬자리에 올랐으며, 나라를 위해서도 큰일을 할 수 있었다. 또, 자신을 믿고 인정하여 준 세종 대왕께 보답하였다.

– 위인전편찬위원회, 『조선 시대 위인 사전』 중에서

3 이 글을 읽고 장영실은 어떤 인물이라는 것을 알 수 있나요? (   )

① 재주가 없는 인물
② 남을 원망하는 인물
③ 쉽게 포기하는 인물
④ 신분의 한계를 뛰어넘은 인물
⑤ 천재성을 동네방네 자랑하는 인물

4 장영실이 살던 시대에 대한 설명으로 알맞지 <u>않은</u> 것은 무엇인가요? (   )

① 금속 활자가 있었다.
② 나라를 다스리는 왕이 있었다.
③ 원래 노비는 관리가 될 수 없었다.
④ 누구나 쉽게 벼슬을 할 수 있었다.
⑤ 신분이 천한 사람과 높은 사람이 있었다.

5 장영실이 재주를 마음껏 펼칠 수 있었던 까닭으로 알맞은 것에 〇표 하세요.

집안 형편이 부유해서 ☐

백성들이 장영실을 존경해서 ☐

세종 대왕이 장영실을 보살피고 도와주어서 ☐

6 이 글에 나오는 인물들의 관계를 생각하며 ㉠, ㉡에 알맞은 인물을 보기 에서 골라 쓰세요.

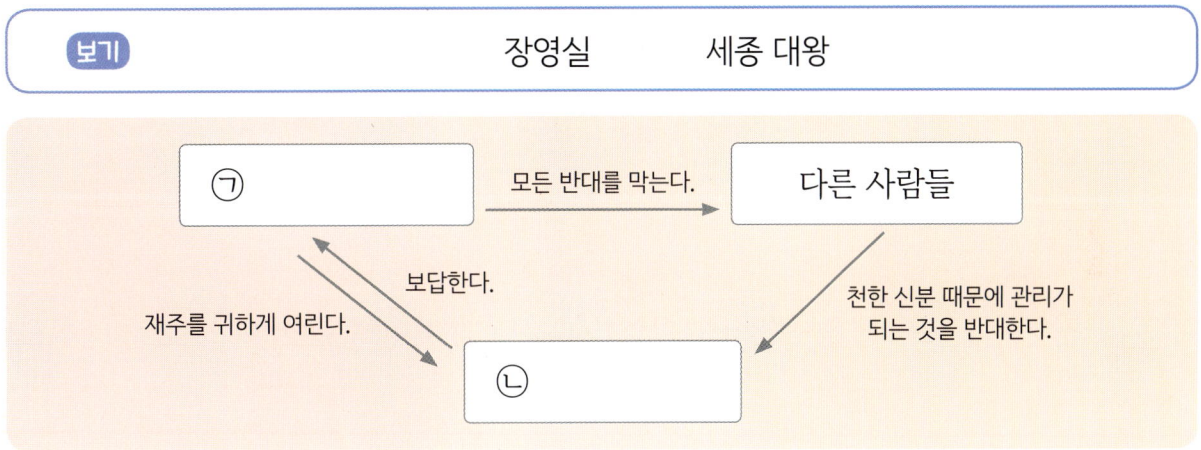

보기　　　　장영실　　　세종 대왕

㉠ —모든 반대를 막는다.→ 다른 사람들

보답한다. / 재주를 귀하게 여린다. ↕

㉡　←천한 신분 때문에 관리가 되는 것을 반대한다.

7 장영실의 업적으로 알맞은 것을 모두 고르세요. (　　,　　,　　)

① 측우기를 만든 것　　　② 금속 활자를 개량한 것
③ 중국 유학을 다녀온 것　　④ 총명하고 손재주가 뛰어난 것
⑤ 해시계와 물시계를 발명한 것

한 문장 마무리

8 빈칸에 알맞은 말을 써서, 이 글의 내용을 정리해 보세요.

☐☐☐ 은 세종 대왕의 도움으로 ☐☐ 의 한계를 넘어 높은 벼슬자리에 오르고 다양한 발명품을 만들었습니다.

헷갈리는 말

○ 보기 를 보고, 다음 문장에 어울리는 말을 골라 ○표 하세요.

> 보기
> • 발견하다: 아직 찾아내지 못했거나 세상에 알려지지 않은 것을 처음으로 찾아내다.
> • 발명하다: 지금까지 없던 새로운 기술이나 물건을 처음으로 생각하여 만들어 내다.

미국의 휴그 무어가 종이컵을
(발견하다, 발명하다).

바위 아래에서 보물찾기 쪽지를
(발견하다, 발명하다).

공사 중에 유물을
(발견하다, 발명하다).

신라 시대에 별을 관측하기 위해
첨성대를 (발견하다, 발명하다).

인물의 특성 파악하기 ❺

 다음 이야기를 읽고 물음에 답해 봅시다.

한 스님에게 지식이 많음을 자랑삼는 교만한 제자가 있었다.

어느 날, 스님은 제자를 불러 앉히고 찻잔에 차를 따르기 시작하였다. 그런데 차가 찻잔을 채우고 넘쳐 방바닥에 흘러넘쳤다.

보다 못한 제자가 말하였다.

"스승님, 찻물이 넘쳐 방바닥을 망칩니다."

하지만 스님은 태연하게 계속 찻잔이 넘치도록 차를 따르고 있었다. 그러고는 제자를 물끄러미 쳐다보며 말하였다.

"찻물이 넘치면 방바닥을 적시지만, 지식이 넘치면 인품을 망치네."

스님의 이 한마디에 제자는 부끄러움으로 얼굴이 붉어졌고 황급히 일어나 방문을 열고 나가려고 하였다. 그러다가 그만 문에 머리를 세게 부딪치고 말았다.

스님이 빙그레 웃으며 조용히 말하였다.

"고개를 숙이면 부딪치는 법이 없다네."

1 이 글의 등장인물에 대해 알맞게 말하지 <u>못한</u> 친구의 이름을 쓰세요.

수아: 스님은 현명하고 지혜로운 방법으로 제자에게 교훈을 주고 있어.

태훈: 제자는 스님의 말을 전혀 이해하지 못하고, 부끄러움도 느끼지 못하고 있어.

희진: 스님은 제자에게 화를 내고 꾸짖기보다는 비유를 통해 깨달음을 주고 있어.

(   )

어느 날 한 부자가 집에서 일하던 노비 덕쇠와 만덕이를 불러 이렇게 말했습니다.

"그동안 일하느라 고생이 많았다. 내일부터는 너희들에게 신분의 자유를 주려고 한단다. 그런데 미안하지만 오늘 한 가지 일만 더 부탁하마."

"감사합니다, 주인마님. 무슨 일이든지 시켜 주십시오."

"내가 짚을 줄 테니 최대한 가늘고 길게 새끼줄을 꼬아 다오."

그날 저녁, 두 노비는 문간방에 앉아 새끼를 꼬기 시작했습니다.

"주인마님은 마지막까지 무슨 일을 시키고 그런담. 그냥 대충해야지."

불만 많은 투덜이 덕쇠가 게으름을 부리며 말했습니다.

"마지막이니까 그동안의 주인마님의 은혜를 생각해서라도 잘해야지."

성실한 만덕이가 중얼거리며 바삐 새끼를 꼬았습니다.

투덜거리던 덕쇠는 마지못해 새끼를 꼬는 둥 마는 둥 하다가 방구석에 드러누워 드르렁드르렁 코를 골며 잠들어 버렸습니다. 얼마 꼬지 않은 새끼는 굵기가 굵고 모양도 금방 풀어질 것처럼 울퉁불퉁하고 허술했습니다.

그에 반해 만덕이는 주인마님의 은혜에 감사하는 마음에 열심히 가늘고 긴 새끼줄을 튼튼하게 꼬았습니다. 시간 가는 줄 모르고 새끼를 꼬다 보니 어느덧 동이 트기 시작했습니다.

다음 날 아침, 주인이 두 노비를 창고로 데리고 갔습니다. 창고에는 엽전이 가득 쌓인 항아리들이 잔뜩 놓여 있었습니다.

"마지막까지 일을 도와주느라 수고가 많았다. 각자 갖고 있는 새끼줄에 여기 있는 엽전을 가득 꿰어 가도록 하여라!"

게으름을 부리던 덕쇠는 뒤늦게 후회를 했지만 소용이 없었습니다. 아무리 엽전을 꿰려고 해도 대충 만든 새끼줄이 작은 엽전 구멍으로 들어가지 않았기 때문입니다.

반면 마지막까지 성실했던 만덕이는 새끼줄에 많은 돈을 꿰어 갈 수 있었습니다.

2 주인마님이 덕쇠와 만덕이에게 마지막으로 부탁한 일은 무엇인가요? (　　　　)

① 새끼에 엽전을 꿰어 줄 것　　　　② 새끼를 밤새도록 꼬아 줄 것

③ 새끼를 가늘고 길게 꼬아 줄 것　　④ 새끼를 굵고 튼튼하게 꼬아 줄 것

⑤ 신분의 자유를 주어도 계속 일할 것

3 주인마님이 새끼줄에 꿰어 가라고 준 것은 무엇인가요? 빈칸에 알맞은 말을 쓰세요.

> 주인마님은 노비들이 꼬아 온 새끼줄에 (　　　　　　　　)을 꿰어 가라고 하였다.

4 이 글에 나오는 인물들에 대해 나눈 대화로 알맞지 <u>않은</u> 것은 무엇인가요? (　　　　)

① 민아: 덕쇠는 불만이 많고 행동도 게으른 것 같아.

② 솔이: 만덕이는 은혜에 감사할 줄 알고 성실한 인물이야.

③ 승민: 주인마님은 주변 사람에게 나눔을 베풀 줄 아는 성격의 인물이야.

④ 수진: 만덕이는 동이 트는 것도 모르고 새끼줄을 꼬았다니 집중력이 좋은 것 같아.

⑤ 준호: 만약 덕쇠의 성격이 만덕이와 같았다면 새끼줄에 엽전을 꿰어 가지 못했을 거야.

5 알맞은 말에 ○표 하여, 이 글의 내용을 정리해 보세요.

> 덕쇠는 (성실하게, 게으름을 부리며) 새끼줄을 대충 꼬아 엽전을 꿰어 가지 못했으나, 만덕이
> 는 (성실하게, 게으름을 부리며) 새끼줄을 가늘고 길게 꼬아 엽전을 많이 꿰어 갈 수 있었습니다.

성질이나 상태를 나타내는 말

○ 다음 그림을 보고, 성질이나 상태를 나타내는 말을 보기 에서 골라 빈칸에 알맞게 쓰세요.

보기	두툼하다	매끄럽다	튼튼하다	허술하다

새끼줄이 ☐☐☐☐.

성벽이 ☐☐☐☐.

겨울 외투가 ☐☐☐☐.

이 천은 표면이 ☐☐☐☐.

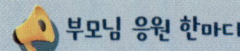

제목 파악하기 ①

🌱 다음 기사의 제목으로 알맞은 것은 무엇일까요? ㉠에 들어갈 말을 골라 ○표 하세요.

㉠

○○시의 눈썰매장이 지난 주 토요일 운영을 시작하였다.
운영 시간은 매주 화요일부터 일요일 오전 10시부터 오후 5시까지이며, 매주 월요일은 휴장일이다.

○○시는 2월 12일까지 눈썰매장을 운영할 예정이다. 입장료는 어른 8,000원, 어린이 4,000원이다.
– 김미래 기자

제목을 뭐라고 붙이지?

이 기사의 제목은 (눈썰매장 개장, 안전하게 눈썰매 타는 법)입니다.

제목은 글의 내용을 대표하기 위해 붙이는 이름이에요. 제목은 글에서 가장 중심이 되는 내용을 잘 드러낼 수 있어야 해요. 따라서 제목을 정할 때에는 글의 중심 내용이나 글의 방향, 주제 등을 잘 담아 간단한 구나 문장으로 만들어야 해요. 자, 이제 글을 읽고 글에 어울리는 제목이 무엇인지 파악해 볼까요?

1 다음 글을 읽고, 제목을 파악해 보세요.

ㅇ

들꽃을 꺾으면 안 됩니다. 함부로 꺾기 때문에 수백 종류의 풀과 들꽃이 이미 멸종하였거나 멸종할 위험에 놓여 있습니다. 도서관에 가면 '멸종 위기에 있는 식물'의 목록을 구할 수 있습니다. 그런 식물은 절대로 꺾지 마세요.

들꽃을 지키는 가장 좋은 방법은 들꽃을 있는 곳에 그대로 두고 즐기는 것입니다. 그 꽃을 집으로 가져오고 싶으면 그림으로 그리거나 사진을 찍으세요. 그러면 아름다운 들꽃을 오래 볼 수 있습니다.

그래도 들꽃을 꺾고 싶다면 민들레처럼 흔한 꽃을 고르세요. 꽃을 꺾을 때에는 뿌리째 뽑지 말고 가위로 자르세요. 그래야 그 다음 해에도 꽃을 볼 수 있습니다.

💡 글의 제목에는 글의 중심 내용이 담겨 있어야 해요. 따라서 중심 내용을 먼저 파악해 보아야 하지요.

이 글의 중심 내용에 ◯표 하세요.

(1) 들꽃을 꺾으면 안 된다. ·· (   )

(2) 들꽃을 꺾을 때에는 가위를 사용해야 한다. ···················· (   )

(3) 멸종 위기에 있는 식물 목록을 알아야 한다. ···················· (   )

ㅇ에 들어갈 이 글의 제목으로 가장 알맞은 것은 무엇인가요? (   )

① 멸종 위기의 식물들　　　　　② 들꽃을 지키는 방법

③ 들꽃을 잘 그리는 방법　　　　④ 도서관에서 책을 찾는 방법

⑤ 민들레를 심고 기르는 방법

글의 제목을 붙이는 방법을 알맞게 말한 친구의 이름을 쓰세요.

> 민서: 제목은 읽는 사람의 호기심만 끌면 돼.
>
> 연진: 제목은 글의 내용을 대표할 수 있어야 해.

(   )

 **2** 다음 이야기를 읽고, 제목을 파악해 보세요.

먹이를 찾아 산속을 헤매던 호랑이는 토끼를 잽싸게 잡았습니다. 토끼는 깜짝 놀랐습니다. 하지만 정신을 차리고 한 가지 궁리를 내었습니다.

"호랑이님! 배가 많이 고프시죠? 어디 저 하나로 배가 차시겠어요. 먼저 맛있는 물고기를 실컷 드시고 저를 드셔도 늦지 않으실 거예요."

"그래, 맛있는 물고기라고? 물고기가 있는 곳이 어디냐?"

토끼는 호랑이를 데리고 큰 연못가로 갔습니다.

"호랑이님, 여기 얼음 구멍에 꼬리를 담가 놓으시면 물고기가 많이 잡힐 거예요."

호랑이는 몹시 추웠지만 물고기를 먹을 생각에 꾹 참았습니다. 시간이 지나 호랑이의 몸은 점점 더 꽁꽁 얼었지만 호랑이는 물고기를 포기할 수 없었습니다. 결국 호랑이는 온몸이 꽁꽁 얼어붙어 동상에 걸리고 말았습니다.

 이 글에 대한 설명으로 알맞지 <u>않은</u> 것은 무엇인가요? (   )

① 토끼는 꾀를 내어 위기에서 벗어났다.
② 토끼는 호랑이와 함께 있다가 동상에 걸렸다.
③ 호랑이는 먹이를 찾아 산속을 헤매다가 토끼를 잡았다.
④ 호랑이는 토끼의 말만 믿고 꼬리를 얼음 구멍에 담갔다.
⑤ 호랑이는 물고기를 포기할 수 없어서 몸이 꽁꽁 어는 것을 견뎠다.

 💡 이야기 글의 제목을 붙일 때에는 인물의 특성이나 중심 사건도 함께 살펴보세요.
이 글에 나오는 인물과 사건을 생각하며 제목을 붙였습니다. 알맞은 것을 두 가지 고르세요.

(,   )

① 인물을 중심으로: 거만한 토끼와 냉철한 호랑이
② 인물을 중심으로: 지혜로운 토끼와 어리석은 호랑이
③ 사건을 중심으로: 온몸이 얼어붙어 동상에 걸린 호랑이
④ 사건을 중심으로: 낚시 왕이 된 호랑이
⑤ 사건을 중심으로: 어부가 된 토끼와 호랑이

상처의 종류

○ 사다리를 타고 내려가 상처의 종류와 그 뜻을 확인해 보세요.

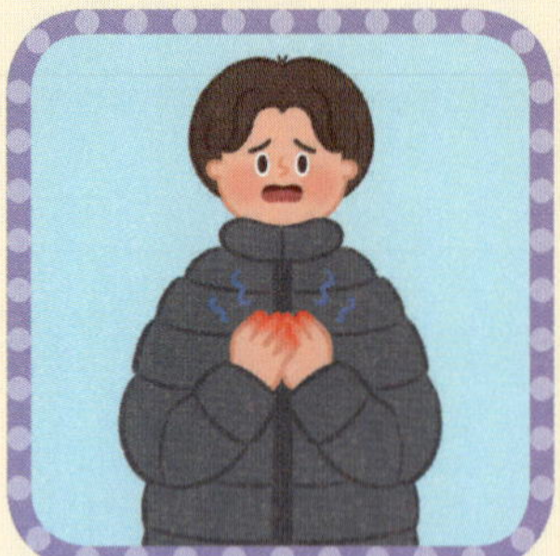

동상	타박상	찰과상	화상

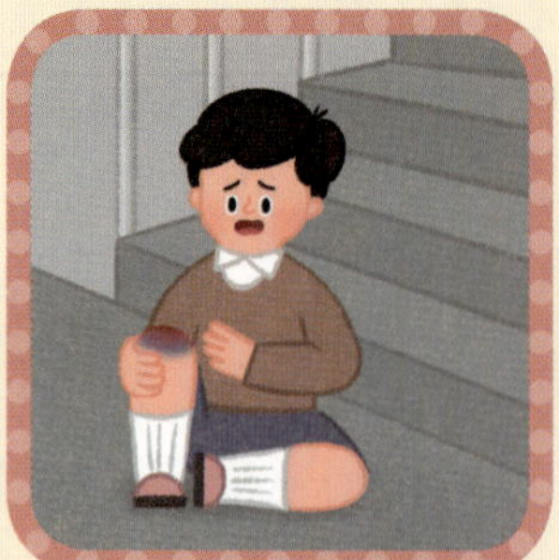

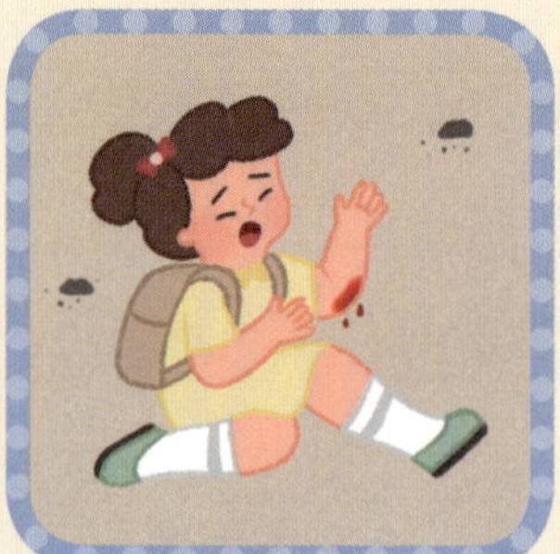

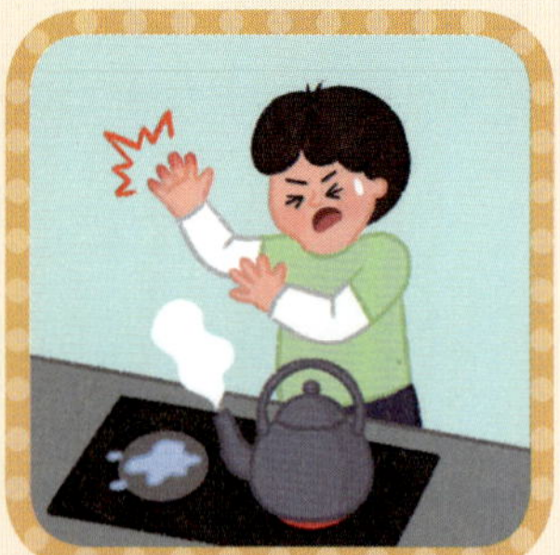

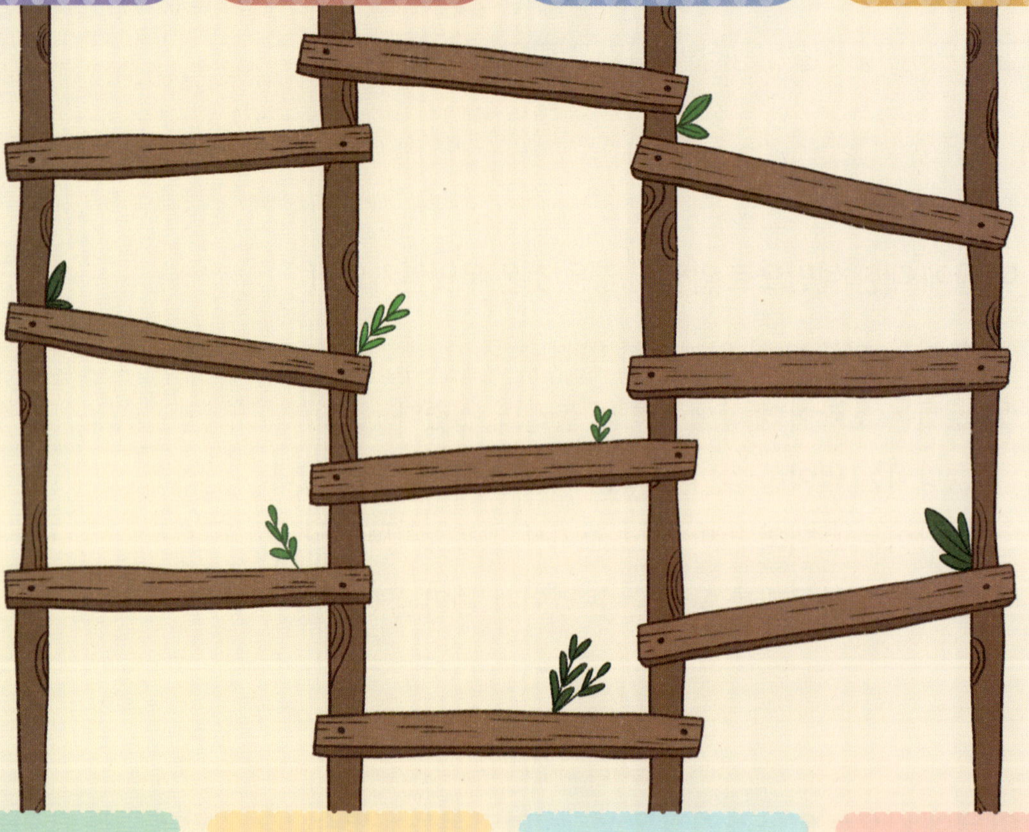

단단한 물건에 맞거나 부딪쳐서 생긴 상처.

불이나 뜨거운 열, 약품 등에 데어서 생긴 상처.

심한 추위 때문에 피부 조직이 얼어서 상한 상처.

무엇에 스치거나 문질려서 살갗이 벗어진 상처.

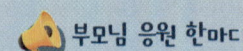

제목 파악하기 ❷

🌱 다음 글을 읽고 물음에 답해 봅시다.

경상남도 ○○시는 '말하는 시시 티브이'를 설치하여 어린이를 보호하고 있다. ○○시는 현재 20개 초등학교 주변에 '말하는 시시 티브이'를 설치하였다.

시청 직원이 시시 티브이를 보고 있다가, 교통사고나 학교 폭력과 같은 위험한 상황이 일어나려고 할 때 경고하는 것이다. 예를 들어 "도로에 내려온 어린이는 인도로 올라가 주세요." 또는 "지금은 빨간불이니 파란불이 켜지면 길을 건너세요."와 같이 안내 방송을 하면, 교통사고가 일어나지 않게 막거나 범죄를 예방하는 효과를 기대할 수 있다고 한다.

그런데 일부 어린이들이 시시 티브이를 향해 장난을 치고 있다. 시시 티브이에 다가가 '안녕하세요?', '아저씨, 안녕.'이라고 말하는 어린이가 있는가 하면 시시 티브이에 장난스러운 표정으로 놀리는 듯한 몸짓을 하는 어린이도 있다. 어린이들이 '말하는 시시 티브이'를 신기해하여 장난을 치는 것이지만, 그런 행동은 하지 말아야 한다.

1 글쓴이가 제기한 문제점으로 알맞은 것에 ⭕표 하세요.

(1) 말하는 시시 티브이를 설치하는 비용이 많이 든다는 것·················(   )

(2) 말하는 시시 티브이에 장난을 치는 어린이가 있다는 것·················(   )

2 이 글의 제목으로 알맞은 것은 무엇인가요? (   )

① 교통 규칙을 잘 지키자   ② 웃어른께 공손히 인사하자

③ 친구 사이에 심한 장난을 치지 말자   ④ 말하는 시시 티브이를 더 많이 설치하자

⑤ 말하는 시시 티브이에 장난을 치지 말자

다음 글을 읽고 물음에 답해 봅시다.

ㄱ

　　은행나무를 본 적이 있나요? 은행나무는 공해가 심한 곳에서도 잘 살아남기 때문에 가로수로 많이 심는 나무입니다.

　　동물을 암컷과 수컷으로 나눌 수 있는 것처럼 은행나무도 암나무와 수나무로 나눌 수 있습니다. 가을에 떨어진 은행을 밟으면 신발에서 고약한 냄새가 납니다. 이 은행은 암나무에서 열리고, 수나무에서는 열리지 않습니다. 따라서 은행나무가 수나무라면 가을에 은행 밟을 걱정은 하지 않아도 됩니다. 쫄깃쫄깃하고 맛있는 은행을 얻고자 한다면 암나무를 심어야 합니다. 하지만 암나무를 심어도 20년 이상 자라야 열매를 맺기 때문에 열매가 열리지 않는다고 수나무라고 생각해서는 안 됩니다.

　　은행나무의 암수를 구별하는 방법은 무엇일까요? 일반적으로 가지가 하늘로 뻗어 있으면 수나무이고, 가지가 아래로 축축 처지면 암나무입니다. 암수를 구별하는 가장 확실한 방법은 꽃을 보고 구별하는 것입니다. 줄기에 포도알처럼 꽃이 조롱조롱 달려 있으면 수나무입니다. 곤충의 눈처럼 양옆으로 동그란 꽃이 달려 있으면 암나무입니다.

3 은행나무를 가로수로 많이 심는 까닭은 무엇인가요? (　　　　)

① 묘목을 심기가 편해서
② 잎의 색깔이 아름다워서
③ 물을 자주 주지 않아도 되어서
④ 나무의 열매인 은행을 얻으려고
⑤ 공해가 심한 곳에서도 잘 살아남아서

4 은행나무와 동물의 공통점은 무엇인가요? (　　　　)

① 암수로 나눌 수 있다.
② 스스로 냄새를 풍긴다.
③ 먹이를 잡아먹고 산다.
④ 1,000년 이상 살 수 있다.
⑤ 쫄깃쫄깃하고 맛있는 은행을 얻을 수 있다.

5 은행나무에 대한 설명으로 알맞지 <u>않은</u> 것은 무엇인가요? (   )

① 은행나무는 20년 이상 자라야 열매를 맺는다.

② 은행나무 중 수나무의 가지는 하늘로 뻗어 있다.

③ 은행나무의 열매인 은행에서는 고약한 냄새가 난다.

④ 은행나무 중 암나무의 가지는 아래로 축축 처져 있다.

⑤ 은행나무의 열매는 암나무와 수나무에서 모두 열린다.

6 다음 그림은 은행나무의 '암나무'와 '수나무' 중 무엇에 해당하는지 각각 쓰세요.

(1)

(   )

(2)

(   )

7 ㉠에 들어갈 이 글의 제목으로 가장 알맞은 것은 무엇인가요? (   )

① 은행나무의 수명

② 은행나무 꽃의 모양

③ 은행나무 열매의 특징

④ 은행나무를 가로수로 심는 까닭

⑤ 암나무, 수나무로 나눌 수 있는 은행나무

8 빈칸에 알맞은 말을 써서, 이 글의 내용을 정리해 보세요.

이 글은 [ ][ ][ ][ ]의 암나무, 수나무의 특징과 암수를 [ ][ ]하는 방법

을 설명하고 있습니다.

흉내 내는 말

○ 다음 그림을 보고, 흉내 내는 말을 보기에서 골라 빈칸에 알맞게 쓰세요.

| 보기 | 너덜너덜 | 조롱조롱 | 절뚝절뚝 | 흐물흐물 |

포도 알갱이들이 ☐☐☐☐ 매달려 있다.

초가 ☐☐☐☐ 녹아내렸다.

소매가 ☐☐☐☐ 닳아 버렸다.

발목을 삐끗하여 ☐☐☐☐ 걸었다.

 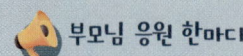

제목 파악하기 ❸

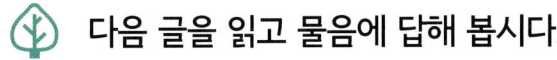 다음 글을 읽고 물음에 답해 봅시다.

동물이 내는 소리

동물들이 소리를 내는 방식은 다양합니다. 성대를 이용하여 소리를 내는 동물도 있고 다른 부위를 이용하는 동물도 있습니다.

개나 닭은 사람과 같이 성대를 울려 소리를 내지만 다양한 소리를 내지는 못합니다. 왜냐하면 성대나 입과 혀의 생김새가 사람과 다르기 때문입니다. 그래서 몇 가지 소리만 낼 수 있습니다. 동물들은 대개 서로를 부르거나 위협하기 위해서 소리를 냅니다.

매미는 발음근으로 소리를 냅니다. 매미는 수컷만 소리를 낼 수 있고, 암컷은 소리를 내지 못합니다. 매미의 배에 있는 발음막, 발음근, 공기주머니는 매미가 소리를 내게 도와줍니다. 그런데 암컷은 공기주머니가 없어서 소리를 낼 수 없답니다. 수컷은 발음근을 당겨서 발음막을 움푹 들어가게 한 다음 '딸깍' 하고 소리를 냅니다. 이 소리가 커지고 반복되면 '찌이이' 하고 소리가 납니다.

- 문희숙, 『맛있는 과학 - 6. 소리와 파동-』 중에서

1 제목을 참고하여 이 글의 중심 내용을 알맞게 말한 친구는 누구인가요? (   )

① 현아: 매미는 발음근으로 소리를 낸다.

② 우성: 매미의 암컷은 소리를 낼 수 없다.

③ 아란: 개와 닭은 성대를 울려 소리를 낸다.

④ 서준: 동물들이 소리를 내는 방식은 다양하다.

⑤ 윤민: 개와 닭의 성대의 생김새는 사람과 다르게 생겼다.

🌳 **다음 글을 읽고 물음에 답해 봅시다.**

⑦

　　우리는 이웃과 더불어 살아간다. 우리의 이웃 중에는 이웃의 일에 관심을 가지고 이웃의 일을 도와주려고 애쓰는 친절한 사람이 있다. 그런 사람을 본받아 친절을 베풀 수 있도록 노력해야 한다. 친절을 베풀면 좋은 점이 많다.

　　첫째, 친절을 베풀면 상대방의 마음을 즐겁게 할 수 있다. 다른 사람이 나에게 친절을 베풀면 어떤 마음이 들까? 기쁘고 고마운 마음이 든다. 마찬가지로 내가 다른 사람에게 친절을 베풀면 상대방도 기쁘고 즐거운 마음이 들 것이다.

　　둘째, ⑨　　　　　　　　　이웃에게 관심을 가지고 그의 처지나 어려움을 헤아리고 돕는다면 이웃끼리 정을 나누며 더욱 돈독하게 지낼 수 있다.

　　셋째, 친절한 사람은 이웃에게 희망과 용기를 불어넣어 준다. ⓒ바르지 못한 일을 하여 마을 사람들의 손가락질을 받던 한 소년이 있었다. 어느 날, 그 소년은 건넛마을에 사는 아주머니의 따뜻한 말씀을 듣고는 용기를 얻어 열심히 노력한 끝에, 훌륭한 사람이 되었다는 이야기가 있다. 이처럼, 친절한 사람의 말 한마디는 사람의 마음을 감동시킬 수 있다.

　　친절한 사람이 많을수록 우리 사회는 밝아진다. 내가 먼저 이웃에게 친절을 베풀고, 이웃이 베푸는 친절에도 고마워할 줄 알아야 한다. 서로에게 친절을 베풀 때, 우리 사회는 더 밝아질 것이다.

2 ⑨에 들어갈 내용으로 알맞은 것은 무엇인가요? (　　　　　)

① 친절을 베풀기만 하고 보답이 없으면 지칠 수 있다.
② 친절한 말과 행동을 하면 사람을 업신여길 수 있다.
③ 친절은 사람을 대하는 태도가 매우 정겹다는 뜻이다.
④ 이웃의 처지를 헤아리고 돕는 것은 쉬운 일이 아니다.
⑤ 친절한 말과 행동을 한다면 이웃과 서로 가까이 지낼 수 있다.

3 ㉡은 근거를 뒷받침한 방법 중 무엇에 해당하나요? ( )

① 통계 자료를 제시하였다.　　　　② 적절한 예를 제시하였다.

③ 글쓴이의 경험을 제시하였다.　　④ 전문가의 의견을 제시하였다.

⑤ 최근에 실제 일어난 사건을 제시하였다.

4 이 글에 나타난 글쓴이의 주장을 실천한 친구를 골라 ○표 하세요.

버스에서 다리가 불편한 승객에게 자리를 양보한 성민이 ☐	비를 맞기 싫어서 친구와 우산을 나누어 쓰지 않은 예준이 ☐

5 글쓴이의 주장으로 보아, ㉮에 들어갈 이 글의 제목은 무엇인가요? ( )

① 에너지를 절약하자　　　　　② 매일매일 꾸준히 운동하자

③ 친절을 베푸는 사람이 되자　④ 규칙적인 생활을 하도록 노력하자

⑤ 다양한 책을 읽도록 노력하자

한 문장 마무리

6 빈칸에 알맞은 말을 써서, 이 글의 내용을 정리해 보세요.

이 글은 ☐☐을 베풀면 ☐☐☐을 근거로 들어 친절을 ☐☐ 수 있어야 한다는 주장을 말하고 있습니다.

잘못 쓰기 쉬운 말

○ 다음 그림을 보고, 빈칸에 들어갈 말을 맞춤법에 맞게 쓴 것을 골라 ○표 하세요.

왕이 백성들에게 선정을 (　　　).

| 배풀다 | 베풀다 |

추석에 할머니와 할아버지를 (　　　).

| 뵈다 | 봬다 |

겨울을 대비하여 (　　　)을 마련했다.

| 땔감 | 땔깜 |

굴러가는 공을 잡기 위해 (　　　) 달려갔다.

| 쏜살같이 | 쏜쌀같이 |

제목 파악하기 ④

🌳 다음 뉴스를 보고 물음에 답해 봅시다.

이를 닦을 때에는 물을 컵에 받아서 사용해야 합니다. 변기 물통에 벽돌을 넣어 사용하면 물을 아낄 수 있습니다. 쌀을 씻고 난 물도 그냥 버리지 말고 화분에 줄 수 있습니다. 기름때가 묻은 그릇은 바로 물로 씻지 말고 종이로 닦은 후에 물에 씻어 내면 사용하는 물의 양을 줄일 수 있습니다.

1 이 뉴스의 제목으로 알맞은 것에 ⭕표 하세요.

태양열 에너지 사용의 장점	물을 아끼는 여러 가지 방법	우리의 삶을 편리하게 하는 절약
( )	( )	( )

2 뉴스를 보고 난 후 느낀 점을 알맞게 말한 친구의 이름을 쓰세요.

> 호영: 물을 아끼려면 노력을 많이 해야 하므로 내 마음대로 물을 사용해야겠어.
> 승아: 물을 아끼는 다른 방법을 더 찾아보고 생활 속에서 물 절약을 실천해야겠어.

( )

다음 글을 읽고 물음에 답해 봅시다.

㉮

무중력 상태에서는 모든 것이 떠다닙니다. 식판을 무릎 위에 묶어 놓아야 하고 음식은 모두 포장된 것이어야 합니다. 음식을 제대로 먹기 위해서는 음식을 서서히 입으로 가져가야 합니다. 빨리 움직이면 포크로 떠먹던 음식이 우주선 벽으로 곧바로 날아가고 말 것이기 때문입니다. 과자를 좋아한다면 지구로 돌아갈 때까지 기다리는 것이 낫습니다. 그렇지 않으면 이리저리 날아다니는 과자를 잡으러 돌아다니느라 시간을 허비할 테니까요.

물을 마실 때에는 어떻게 해야 할까요? 우주 정거장에서는 ㉠격식 따위는 잊어야 합니다. 당연히 컵에 물을 따라 마실 수는 없어요. 그랬다가는 공기 중에 물방울이 둥둥 떠다니게 되고 말 거예요. 그러므로 물을 마시려면 팩에 담긴 것을 빨대로 마셔야 합니다. 이때, 빨대는 빨아들인 물이 다시 내려가지 않도록 만들어진 ㉡특수 빨대랍니다.

음식은 어떻게 보관하나요? 음식 ㉢보관은 그리 어려운 일이 아닙니다. 주로 통조림에 들어 있거나 포장되어 있기 때문입니다. 그래서 많은 공간을 차지하지도 않습니다.

음식은 출발하기 전에 미리 만들어 놓습니다. ㉣즉석에서 먹을 수 있는 것도 있지만, ㉤냉동되거나 말린 음식도 있습니다. 그런 음식을 먹을 때는 다시 데우거나 물을 넣어서 먹어야 합니다.

– 크리스틴 사니에 글, 장석훈 옮김, 『우주는 신기해』 중에서

3 우주에서의 모습에 대해 대화를 나눈 내용으로 알맞지 <u>않은</u> 것은 무엇인가요? ( )

① 율희: 중력이 없는 상태여서 모든 것이 둥둥 떠다녀.

② 세원: 맞아. 그래서 음식은 모두 포장이 되어 있어야 한대.

③ 나혜: 과자를 먹기 위해 뜯으면 과자가 이리저리 날아다닐 수 있어.

④ 영진: 음식을 제대로 먹기 위해서는 음식을 빠르게 입으로 가져와야 해.

⑤ 수현: 내가 음식을 먹을 때 빨리 움직이면 음식이 우주선 벽으로 날아갈 수도 있어.

4 우주에서 물을 마시는 방법으로 알맞은 것은 무엇인가요? (   )

① 컵에 따라 마신다.　　　　　　② 숟가락을 사용해 떠먹는다.

③ 우주선 벽으로 날아가서 마신다.　④ 팩에 담긴 물을 특수 빨대로 마신다.

⑤ 공기 중에 물방울을 둥둥 띄워서 마신다.

5 우주에서 먹는 음식에 대한 설명으로 알맞지 <u>않은</u> 것은 무엇인가요? (   )

① 냉동되거나 말린 음식도 있다.　　② 즉석에서 먹을 수 있는 것도 있다.

③ 크기가 커서 많은 공간을 차지한다.　④ 주로 통조림에 들어 있거나 포장되어 있다.

⑤ 출발하기 전에 미리 만들어 놓은 것이다.

6 ㉠~㉤의 뜻으로 알맞은 것은 무엇인가요? (   )

① ㉠: 격에 맞지 않는 일정한 방식.　② ㉡: 아주 평범함.

③ ㉢: 물건을 맡아서 간직하고 관리함.　④ ㉣: 조금 시간이 지난 뒤.

⑤ ㉤: 신선하게 보관하기 위해 데움.

7 이 글의 내용으로 보아, ㉮에 들어갈 제목으로 알맞은 것은 무엇인가요? (   )

① 우주에서 잠을 자는 방법　　　② 우주 정거장에 가는 방법

③ 우주에서 음식을 먹는 방법　　④ 우주에서 음식을 오래 보관하는 방법

⑤ 우주에서 음식 쓰레기를 처리하는 방법

한 문장
마무리

8 빈칸에 알맞은 말을 써서, 이 글의 내용을 정리해 보세요.

| | | | 상태인 | | | 에서는 특별한 방법으로 | | | 을 먹습니다. |

음식 조리와 관련된 말

○ 다음 그림을 보고, 음식 조리와 관련된 말을 보기 에서 골라 빈칸에 알맞게 쓰세요.

보기   녹이다   데우다   말리다   얼리다

전자레인지에 만두를 ☐☐☐.

굴비를 엮어서 ☐☐☐.

냉동실에 얼음을 ☐☐☐.

꽁꽁 언 고기를 찬물에 담가 ☐☐☐.

 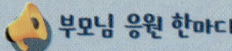

제목 파악하기 ⑤

🌳 다음 광고를 보고 물음에 답해 봅시다.

느리지 않은 자전거

2023년 기준 약 2,600만대

인구 약 2명당 1대

자동차의 증가로 인한 교통 체증, 대기 오염, 에너지 낭비……

우리가 풀어야 할 과제입니다.

가까운 거리 이동할 때는 자전거로!

환경도 지키고 에너지도 절약할 수 있는

느리지 않은 자전거

공해를 줄이고

교통난 해소를 위해 쉽게

실천할 수 있는 방법입니다.

---

1 이 광고에 '느리지 않은 자전거'라는 제목을 붙인 까닭으로 가장 알맞은 것은 무엇일까요?

(   )

① 자전거는 비가 올 때도 탈 수 있기 때문에

② 자전거가 느리다는 편견이 널리 퍼져 있기 때문에

③ 자전거를 타는 사람에 따라 속도가 달라지기 때문에

④ 요즘 나온 자전거는 자동차보다 속도가 빠르기 때문에

⑤ 가까운 거리를 이동할 때는 자동차보다 자전거가 빠를 수도 있기 때문에

🌳 **다음 글을 읽고 물음에 답해 봅시다.**

요즈음 텔레비전을 보다 보면 외국 말을 사용하는 경우를 많이 볼 수 있다. '게스트', '브랜드' 등과 같은 말이나, '리얼하다', '핸섬하다' 등과 같은 문구도 심심찮게 볼 수 있다. 우리말에 적절한 낱말이 없어서 외국 말을 받아들인 경우도 있겠지만, 적절한 우리말이 있는데도 외국 말을 아무 생각 없이 섞어서 쓸 때가 너무 많다. 이렇게 무분별하게 외국 말을 사용하기보다는 아름다운 우리말을 살려서 쓰면 좋겠다.

왜냐하면 외국 말을 무분별하게 사용하다 보면 우리말을 사용하는 횟수가 줄어들어 결국 아름다운 우리말이 점점 사라질 수 있기 때문이다. 요즈음 어린아이들도 우리말로 할 수 있는 말을 외국 말로 바꾸어 사용하는 것을 흔히 볼 수 있는데, 이러다 보면 언제인가는 사라지는 우리말이 지금보다 더욱 많이 생기게 될 것이다.

그리고 어렵고 낯선 외국 말보다 아름다운 우리말이 알기도 쉽고, 우리 정서에도 알맞기 때문이다. '게스트'는 '손님'으로, '브랜드'는 '상표'로, '리얼하다'는 '사실 같다'로, '핸섬하다'는 '멋지다'로 바꾸면 읽기도 쉽고 더 정겹다.

굳이 외국 말을 사용하지 않아도 순수한 우리말로 얼마든지 나타낼 수 있다. 우리의 역사와 전통 안에 살아 있는 우리말을 우리 힘으로 지키고 아름답게 가꾸어 나가야 한다.

2 글쓴이가 생각한 문제점은 무엇인가요? (   )

① 외국 말을 무분별하게 사용하는 점   ② 우리말만 너무 소중하게 생각하는 점
③ 외국 말은 이해가 잘되지 않는다는 점   ④ 외국 사람이 우리말을 잘 알지 못하는 점
⑤ 외국 말을 배우는 것이 너무 힘들다는 점

3 이 글을 통해 글쓴이가 하고 싶은 말은 무엇인가요? (   )

① 외국 말은 어릴 때 배우자.
② 우리말을 외국 말로 바꾸어 사용하자.
③ 인터넷에서 올바르게 우리말을 사용하자.
④ 우리말을 소중히 여기고 아름답게 가꾸자.
⑤ 외국 말을 배워서 생활에서 많이 사용하자.

4 글쓴이의 의견에 대한 까닭으로 알맞지 <u>않은</u> 것은 무엇인가요? (   )

① 우리말은 외국 말보다 더 알기 쉽다.

② 우리말은 우리나라 사람의 정서에 더 알맞다.

③ 외국 말을 사용하지 않아도 우리말로 표현이 가능하다.

④ 외국 말이 우리말보다 표현을 더욱 풍부하게 할 수 있다.

⑤ 외국 말을 무분별하게 사용하면 우리말이 점점 사라질 수 있다.

5 이 글의 글쓴이가 가장 알맞게 생각하는 우리말을 사용하고 있는 모습을 골라 ○표 하세요.

내가 좋아하는 아이돌 그룹의 멤버들은 정말 핸섬하고 큐트해. ☐

오늘 유명한 브랜드의 슈즈를 구매해서 정말 해피한 하루였어. ☐

오늘 우리 집에 손님이 오셔서 집을 아주 깨끗하게 치워 두었어. ☐

전시회에 가서 풍경화를 보았는데 사진처럼 리얼해서 신기했어. ☐

6 이 글에 붙일 수 있는 제목으로 알맞은 것에 ○표 하세요.

아름다운 우리말을 사용하여 주세요

(   )

우리말을 외국 말로 바꾸어 보세요

(   )

한 문장 마무리

7 빈칸에 알맞은 말을 써서, 이 글의 내용을 정리해 보세요.

이 글은 ☐☐☐ 을 지키고 아름답게 가꾸어 나가야 함을 주장하고 있습니다.

낱말의 종류

○ 보기 를 보고, 밑줄 친 낱말의 종류를 구분하여 ○표 하세요.

> 보기
> • 고유어: 우리 고유의 말로 본디부터 있던 말. 예 나무
> • 외국어: 외국에서 들어온 말로, 아직 우리말이 아닌 말. 예 밀크
> • 외래어: 다른 나라의 말이 우리말에 들어와 우리말처럼 쓰이게 된 말. 예 컴퓨터

고유어   외국어   외래어

고유어   외국어   외래어

고유어   외국어   외래어

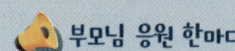

설명하는 대상의 특징 알기 ①

🥜 다음을 보고, 오륜기의 특징으로 알맞은 말을 찾아 빈칸에 쓰세요.

올해 여름에는 올림픽이 열려요.
여러분은 올림픽을 상징하는 깃발인 오륜기를 본 적이 있나요?

🔵 생생 지식 (가입) (구독)   👍 2.5천 👎 ↪공유 +저장 ⋯

오륜기에는 다섯 개의 동그라미가 그려져 있는데,
이는 지구에 있는 다섯 대륙을 나타내요.

🔵 생생 지식 (가입) (구독)   👍 2.5천 👎 ↪공유 +저장 ⋯

또한 오륜기에 쓰인 다섯 색상은 각 세계 여러 나라의 깃발에서 가장 많이 사용하는 색을 골라 넣은 것이라고 해요.

그리고 다섯 개의 동그라미는 서로 얽혀 있는데요. 이는 세계 모든 나라가 힘을 모으자는 의미를 담고 있어요.

지금까지 오륜기에 대한 설명이었습니다.

🔵 생생 지식 (가입) (구독)   👍 2.5천 👎

오륜기의 다섯 개 동그라미는 지구에 있는 다섯 [ ][ ]을 나타내요.

설명하는 글은 어떤 사실이나 정보를 읽는 사람이 알기 쉽게 풀어서 쓴 글이에요. 설명하는 글을 읽을 때에는 설명하는 대상이 무엇이며, 어떤 점을 자세히 설명하는지 생각하며 읽어야 해요. 또한 정보를 많이 담고 있기 때문에, 중심 내용을 정리하며 읽어야 대상의 특징을 쉽게 파악할 수 있어요. 자, 이제 글을 읽으며 설명하는 대상의 특징을 찾아볼까요?

 **1** 다음 글을 읽고, 설명하는 대상의 특징을 파악하여 보세요.

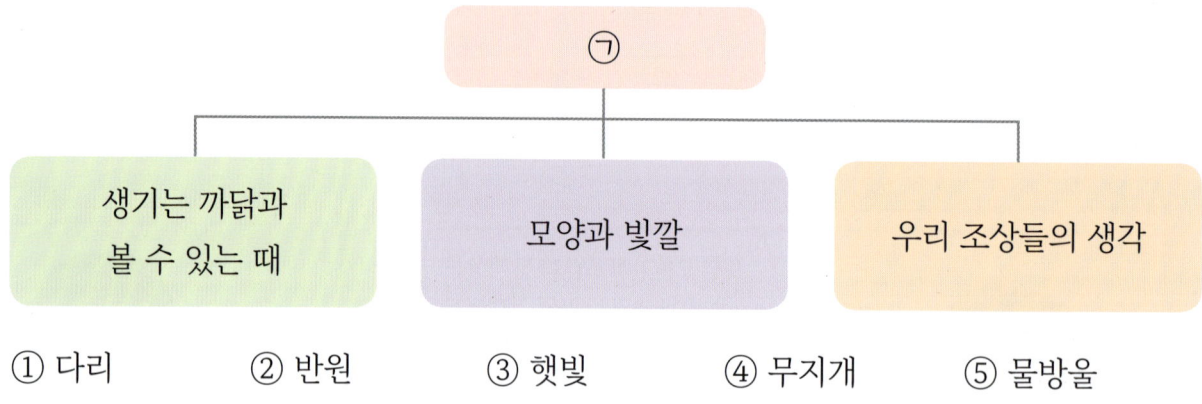

우리는 비가 온 뒤에 가끔 무지개가 뜨는 것을 볼 수 있습니다. 무지개는 공중에 떠 있는 물방울이 햇빛을 받아 생깁니다. 그래서 무지개는 비가 그친 뒤에 볼 수 있습니다.

무지개는 반원 모양의 띠처럼 생겼습니다. 빨강, 주황, 노랑, 초록, 파랑, 남색, 보라 빛깔로 이루어져 매우 아름답습니다.

우리 조상들은 무지개를 하늘과 땅을 이어 주는 다리로 여겼습니다. 그래서 선녀가 무지개를 타고 계곡에 목욕하러 내려온다는 이야기도 생겼습니다.

 다음은 이 글의 내용을 정리한 표입니다. ㉠에 들어갈 중심 낱말은 무엇인가요? (   )

㉠

생기는 까닭과 볼 수 있는 때	모양과 빛깔	우리 조상들의 생각

① 다리　　　② 반원　　　③ 햇빛　　　④ 무지개　　　⑤ 물방울

 이 글의 내용으로 알맞지 <u>않은</u> 것은 무엇인가요? (   )

① 무지개는 반원 모양의 띠처럼 생겼다.
② 무지개는 비가 온 뒤에 항상 볼 수 있다.
③ 무지개는 일곱 가지의 빛깔로 이루어져 있다.
④ 무지개는 공중에 떠 있는 물방울이 햇빛을 받아 생긴다.
⑤ 우리 조상들은 무지개를 하늘과 땅을 이어 주는 다리로 여겼다.

 **2** 다음 글을 읽고, 설명하는 대상의 특징을 파악하여 보세요.

물벼룩은 녹색말을 먹고 살며, 진딧물이나 매미는 식물의 진을 빨아 먹고 산다. 그런가 하면 소와 말, 토끼, 노루 같은 동물은 나뭇잎이나 풀을 뜯어 먹고 산다. 이와 같이 식물을 먹고 사는 동물을 초식 동물이라고 한다.

그러나 호랑이, 사자, 독수리, 뱀, 상어, 고래 같은 동물은 작은 짐승이나 물고기와 같은 동물을 잡아먹고 산다. 이와 같이 동물을 먹고 사는 동물을 육식 동물이라고 한다.

또, 닭과 오리 같은 새 종류 가운데에는 식물의 씨앗을 먹고, 벌레나 물고기 같은 작은 동물을 잡아먹는 것도 있다. 사람, 돼지, 쥐도 식물성 먹이와 동물성 먹이를 함께 먹는다. 이와 같은 동물을 잡식 동물이라고 한다.

 이 글에 대한 설명으로 알맞은 것에 ○표 하세요.

(1) 동물의 종류를 초식, 육식, 잡식 동물로 나누어 설명하고 있다. ·········· (   )
(2) 동물들이 각각 초식, 육식, 잡식을 하게 된 까닭을 설명하고 있다. ········ (   )

💡 설명하는 대상의 특징을 정리할 때 표로 정리해서 살펴보면 도움이 되어요.

 다음 보기 의 동물들을 알맞게 분류하여 빈칸에 쓰세요.

보기	뱀 소 쥐 노루 돼지 토끼 독수리 호랑이

초식 동물	육식 동물	잡식 동물

 이 글에서 설명하는 동물들의 특성으로 알맞지 <u>않은</u> 것은 무엇인가요? (   )

① 초식 동물은 식물을 먹고 산다.
② 육식 동물은 동물을 먹고 산다.
③ 잡식 동물에는 닭과 오리 같은 새 종류도 포함된다.
④ 잡식 동물은 식물성 먹이와 동물성 먹이를 함께 먹는다.
⑤ 초식 동물 중 하나인 물벼룩은 토끼처럼 나뭇잎을 뜯어 먹고 산다.

포함하는 말

○ 다음 그림을 보고, 밑줄 친 낱말을 포함하는 말을 찾아 ○표 하여 문장을 완성하세요.

소, 말, 토끼는 주로 나뭇잎이나 풀과 같은 식물을 먹고 사는 동물이구나.

철이는 (육식 동물, 초식 동물)의 종류에 대해 찾아보았다.

축구 선수, 간호사, 요리사 모두 다 멋져 보여.

민이는 장차 어떤 (농업, 직업)을 가지면 좋을지 생각하였다.

오늘은 체육, 국어, 과학, 수학, 음악이 들어 있구나.

시간표	
과목	시간
1교시 체육	9:00 - 9:40
2교시 국어	09:50 - 10:30
3교시 과학	10:40 - 11:20
4교시 수학	11:30 - 12:10
5교시 음악	13:00 - 13:40

현이는 시간표를 보고 오늘 배울 (과목, 운동)을 확인하였다.

콩, 보리, 현미가 다 모여 있어.

보리 콩 현미

시장에 가면 여러 가지 (곡식, 분식)을 살 수 있다.

6주 2일 설명하는 대상의 특징 알기 ❷

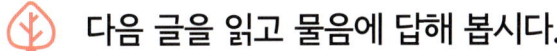

🌳 **다음 글을 읽고 물음에 답해 봅시다.**

제주도의 전통 가옥의 담은 낮고 돌로 만들었다. 담이 낮기 때문에 겉으로 보기에는 허술해 보이지만 제주도의 바람을 잘 막아 준다.

제주도의 전통 가옥에는 대문이 없다. 입구에 돌을 세우고 나무를 걸쳐 놓아 주인이 돌아오는 시기를 알린다. 나무를 하나만 걸쳐 놓으면 주인이 곧 돌아온다는 표시이다. 두 개를 걸쳐 놓으면 주인이 한참 뒤에 돌아오고, 세 개를 걸쳐 놓으면 저녁 무렵이나 며칠 뒤에 돌아온다는 표시이다.

1 다음은 제주도 전통 가옥의 특징을 정리한 것입니다. 빈칸에 알맞은 말을 쓰세요.

제주도 전통 가옥의 담은 돌로 되어 있으며, (   )이 없다.

2 제주도 전통 가옥에 있는 돌담의 장점으로 알맞은 것은 무엇인가요? (   )

① 높다.　　　　　② 약하다.　　　　　③ 만들기 쉽다.
④ 바람을 잘 막아 준다.　　⑤ 집 안이 보이지 않는다.

3 주인이 며칠 동안 여행을 갔음을 표시하는 제주도 전통 가옥의 모습으로 알맞은 그림을 찾아 ○표 하세요.

다음 글을 읽고 물음에 답해 봅시다.

1 백일홍은 심어 기르는 한해살이풀이에요. 꽃이 백 일 동안 핀다고 백일홍이라는 이름이 붙었지요. 이름처럼 7월부터 10월에 걸쳐 세 달 동안 꽃이 피어 있어요.

2 원산지는 멕시코인데, 1757년에 독일 식물학자가 개량하여 여러 나라에서 심어 기르게 되었대요. 우리나라에서 심어 기른 지는 200년쯤 된다고 해요.

3 백일홍은 줄기가 곧고, 높이는 1미터쯤 되어요. 잎은 잎자루가 없이 마주나지요. 잎은 끝이 뾰족하고 기다란 달걀 모양인데, 밑부분이 줄기를 감싸고 있어요. 잎이나 줄기에는 털이 있어서 거칠어요. 꽃은 줄기와 가지 끝에서 한 송이씩 피어나요. 가장자리 꽃잎은 혀같이 생겼고, 가운데 모여 있는 꽃은 대롱처럼 생겼지요. 꽃 색깔은 붉은색, 분홍색, 노란색, 흰색 등 다양해요.

4 백일홍은 향기가 없고 꽃 모양도 뛰어나게 화려하지 않아요. 그러나 웬만한 가뭄이나 더위에도 끄떡없이 꽃을 피우는 데다 세 달이나 피어 있어서 여름철에 가꾸기 좋은 꽃이지요. 또, 기르기가 쉬워서 햇빛만 잘 들면 쉽게 꽃을 피울 수 있어요. 요즈음은 꽃꽂이용으로도 많이 기르지요.

― 전의식 외, 『세밀화로 그린 보리 어린이 식물도감』 중에서

---

4 백일홍이라는 이름이 붙은 까닭은 무엇인가요? (   )

① 한 해만 산다고 해서   ② 하얀 꽃이라는 뜻에서
③ 아름다운 꽃이라는 뜻에서   ④ 백 송이의 꽃이 핀다고 해서
⑤ 꽃이 백 일 동안 핀다고 해서

---

5 백일홍에 대한 설명으로 알맞지 <u>않은</u> 것의 기호를 쓰세요.

| ㉠ 향기가 없다. | ㉡ 한해살이풀이다. |
| ㉢ 독일이 원산지이다. | ㉣ 7월부터 10월에 걸쳐 꽃이 피어 있다. |

(   )

6 백일홍의 모습이 <u>아닌</u> 것은 무엇인가요? (   )

① 줄기가 곧고, 높이가 1미터쯤 된다.

② 잎은 끝이 뾰족하고 기다란 달걀 모양이다.

③ 잎이나 줄기에는 털이 있어서 매끄럽지 않다.

④ 줄기와 가지 끝에서 다양한 색의 꽃이 여러 송이씩 핀다.

⑤ 가장자리 꽃잎이 혀같이 생겼고 가운데 모여 있는 꽃은 대롱처럼 생겼다.

7 사람들이 백일홍을 가꾸는 까닭은 무엇인가요? (   )

① 꽃 모양이 화려하기 때문에

② 값이 비싸 키우면 돈을 벌 수 있기 때문에

③ 여름철에 가꾸기 좋고, 기르기 쉽기 때문에

④ 백일홍을 키우면 가뭄이나 더위를 피할 수 있기 때문에

⑤ 여름만 지나면 가을에는 더 화려한 꽃을 볼 수 있기 때문에

8 이 글의 각 문단에서 설명하는 내용으로 알맞은 것을 찾아 선으로 이으세요.

1 문단 •	• 백일홍의 생김새
2 문단 •	• 백일홍을 키우는 까닭
3 문단 •	• 백일홍이라는 이름의 유래
4 문단 •	• 백일홍을 우리나라에서 기른 햇수

한 문장 마무리

9 빈칸에 알맞은 말을 써서, 이 글의 내용을 정리해 보세요.

이 글은 [ ][ ][ ] 과 관련하여 이름의 유래, 우리나라에서 기른 햇수, 생김새, 키우는 까닭 등을 설명하고 있습니다.

잎이 나는 모양과 관련된 말

○ 사다리를 타고 내려가 잎이 나는 모양과 관련된 말과 그 뜻을 확인해 보세요.

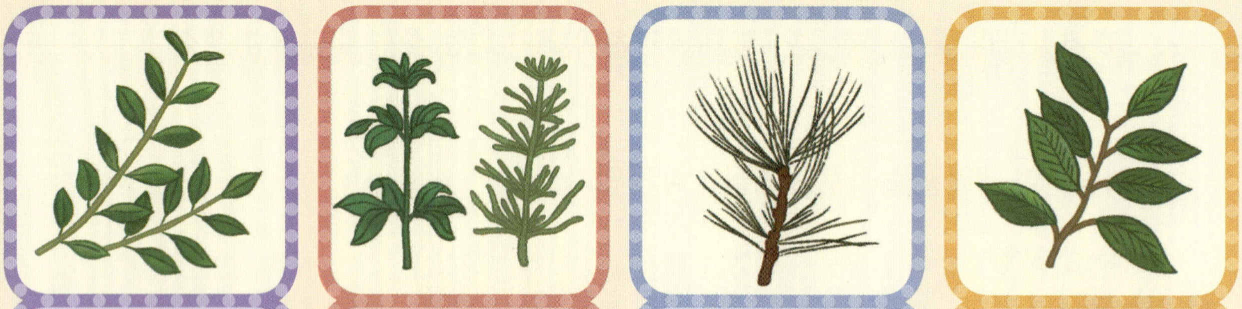

마주나기

돌려나기

뭉쳐나기

어긋나기

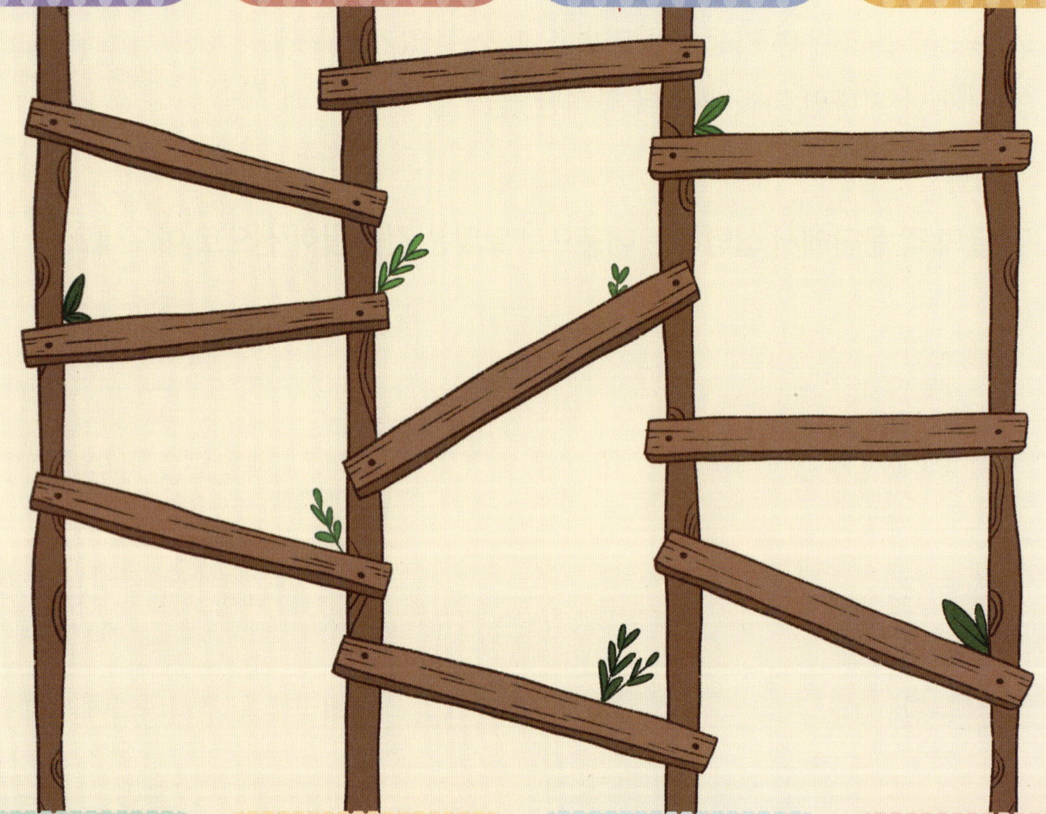

양쪽 잎이 가지를 중심으로 어긋나 있는 형태입니다.

잎 두 개가 줄기에 뭉쳐 있는 형태입니다.

잎이 서로 마주 보고 나 있는 형태입니다.

마디 한 개에 잎이 세 장 이상 돌려 나 있는 형태입니다.

6주 2일 정답 확인

오늘 나의 실력을 평가해 봐!

부모님 응원 한마디

6주 3일 설명하는 대상의 특징 알기 ❸

🌳 다음 글을 읽고 물음에 답해 봅시다.

> 우리 조상은 아주 오래전부터 태권도를 즐겼다고 합니다. 태권도가 언제부터 시작되었는지 정확히 알 수는 없습니다. 그러나 옛 무덤에서 발견된 그림을 보면, 삼국 시대에도 태권도를 하였던 것을 알 수 있습니다. 태권도는 그 뒤에 고려와 조선 시대를 거치면서 발달하였으며, 광복 후에는 일반 사람들에게 널리 보급되었습니다.
>
> 태권도의 기술은 크게 품새와 겨루기로 나눌 수 있습니다. 품새는 공격과 방어의 기본 기술을 연결한 연속 동작입니다. 품새를 통하여 혼자서도 상대방과 겨루는 연습을 할 수 있습니다. 겨루기는 품새로 익힌 기술을 두 사람이 겨루어 보는 것입니다. 경기에서는 두 사람의 승패를 가리는 방법으로 겨루기를 합니다.

1 태권도가 언제부터 시작되었는지에 대해 알맞게 말한 친구의 이름을 쓰세요.

> 하영: 태권도를 시작한 것은 삼국 시대부터야.
>
> 희원: 태권도가 언제부터 시작되었는지 정확하게 알 수는 없어.

(   )

2 태권도의 기술에 대해 알맞게 설명한 것은 무엇인가요? (   )

① 태권도의 정식적인 기술은 겨루기만 있다.

② 품새를 통해서는 상대방과 겨루는 연습을 할 수 없다.

③ 공격과 방어의 기본 기술을 연결한 동작을 품새라고 한다.

④ 익힌 기술을 직접 상대방과 겨루어 보는 것을 품새라고 한다.

⑤ 일반적으로 태권도 경기에서는 겨루기보다 품새를 많이 한다.

다음 글을 읽고 물음에 답해 봅시다.

토굴 새우젓

  새우젓은 작은 새우를 소금에 절여 3~4개월 동안 저장하여 삭힌 음식입니다. 새우젓은 새우를 잡은 시기에 따라 이름이 다릅니다. 5월과 6월에 잡은 새우로 만든 것을 각각 '오젓', '육젓'이라고 합니다. 가을에 잡은 새우로 만든 것을 '추젓', 늦가을에 잡은 새우로 만든 것을 '자젓'이라고 합니다.

  황해안에서 나는 싱싱한 새우로 담근 새우젓은 먹음직스럽고 맛이 좋아 인기가 있습니다. 특히, 충청남도 광천 지방의 토굴 새우젓은 그 맛이 좋기로 유명합니다.

  광천 지방의 낮은 산기슭에는 깊숙한 굴이 여러 개 있습니다. 이 굴 속에는 새우젓을 가득 담은 커다란 통이 많이 있습니다. 여러 지방에서 잡은 새우를 젓으로 담가 이곳에 보관합니다. 이처럼 굴 속에서 만들어진 새우젓을 토굴 새우젓이라고 합니다.

  새우젓을 토굴에서 만들기 시작한 것은 60여 년 전부터입니다. 새우젓을 팔던 어떤 사람이 예전에는 금광이었던 토굴에 새우젓을 보관하였습니다. 그런데 그 새우젓의 맛이 아주 좋았습니다. 그래서 사람들은 토굴 속의 온도가 새우젓을 맛있게 삭히는 데 적당하다는 사실을 알게 되었습니다. 이때부터 광천 지방에서는 토굴에서 새우젓을 만들었다고 합니다.

3 이와 같은 글을 읽는 방법으로 알맞은 것에 ○표 하세요.

이야기의 흐름을 파악하며 읽는다. ☐	주장과 근거가 적절한지 생각하며 읽는다. ☐	새로 알게 된 내용이 무엇인지 생각하며 읽는다. ☐

4 이 글에서 설명하고 있는 내용이 <u>아닌</u> 것은 무엇인가요? (   )

① 새우젓의 뜻   ② 토굴 새우젓의 유래   ③ 토굴 새우젓의 특징

④ 새우젓으로 만든 요리   ⑤ 새우젓의 이름이 다른 까닭

5 다음에서 설명하는 것은 무엇인가요? (   )

> 늦가을에 잡은 새우로 만든 새우젓

① 오젓　　　　　② 육젓　　　　　③ 자젓
④ 추젓　　　　　⑤ 하젓

6 새우젓의 이름이 '오젓', '육젓', '추젓', '자젓'과 같이 다른 까닭은 무엇인지 빈칸에 알맞은 말을 이 글에서 찾아 쓰세요.

> 새우를 잡은 (　　　　　　　　　)에 따라 새우젓의 이름을 각각 다르게 붙이기 때문이다.

7 토굴 새우젓에 대한 설명으로 알맞지 <u>않은</u> 것은 무엇인가요? (   )

① 충청남도 광천 지방이 유명하다.
② 굴 속에서 만들어진 새우젓을 일컫는다.
③ 광천 지방에서 잡은 새우로만 만들어진다.
④ 토굴 속의 온도는 새우젓을 맛있게 삭히는 데 적당하다.
⑤ 광천 지방의 낮은 산기슭에 있는 굴 속에는 새우젓을 담은 통이 많이 있다.

한 문장 마무리

8 빈칸에 알맞은 말을 써서, 이 글의 내용을 정리해 보세요.

> 이 글은 새우젓의 뜻과 종류, 그리고 [　][　][　][　][　]의 유래와 특징에 대해 설명하고 있습니다.

요리와 관련된 말

○ 다음 그림을 보고, 밑줄 친 말의 알맞은 뜻을 찾아 선으로 이으세요.

배추를 소금에 <u>절이다</u>.

재료에 소금,
식초, 설탕 등이
배어들게 하다.

콩나물을 <u>무치다</u>.

김치나 젓갈 등의
음식물을
발효시켜 맛이
들게 하다.

김치가 잘
익었구나!

김치를 독에 넣고 <u>삭히다</u>.

나물 등에
갖은양념을 넣고
골고루 섞이게
하다.

 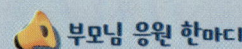

설명하는 대상의 특징 알기 ④

다음 글을 읽고 물음에 답해 봅시다.

오징어와 문어는 뼈가 없는 연체동물이고 둘 다 두족류에 속한다는 공통점이 있다. 머리처럼 보이는 몸통과 다리가 여러 개인 생김새가 비슷하다. 오징어는 다리가 10개이고, 그중 2개는 다리보다 긴 촉수이며, 문어는 8개의 다리를 가지고 있다. 오징어는 긴 촉수를 이용해 먹이를 잡고, 문어는 다리로 먹이를 감듯이 잡아먹는다.

오징어와 문어는 적에게 위협을 받으면 먹물을 뿜어낸다. 먹물로 연막을 만들어 그 사이에 도망을 가는 것으로 알려져 있지만, 먹물은 시각을 흐리기보다는 후각을 무디게 하는 역할을 한다. 문어는 몸의 색을 바꿀 수 있어서 오징어보다 적으로부터 자신을 지키기에 한층 유리하다.

1 오징어와 문어의 공통점으로 알맞은 것에는 ○표, 알맞지 <u>않은</u> 것에는 ✕표 하세요.

(1) 뼈가 없는 연체동물이고 두족류에 속한다. ·····························(   )

(2) 적에게 위협을 받으면 먹물을 뿜어 시각을 흐리게 한다. ·················(   )

(3) 머리처럼 보이는 몸통과 여러 개의 다리를 가지고 있다. ················(   )

(4) 몸의 색을 바꿀 수 있어서 적으로부터 자신을 지키기에 유리하다. ········(   )

2 오징어와 문어를 구분하는 가장 쉬운 방법을 알맞게 말한 친구의 이름을 쓰세요.

> 다영: 다리의 수를 확인해 보면 돼. 오징어는 다리가 10개이고, 문어는 8개야.
>
> 은재: 촉수가 있는지 확인해 보면 돼. 문어는 오징어와 달리 긴 촉수를 이용해 먹이를 잡아.

(   )

다음 글을 읽고 물음에 답해 봅시다.

출처: 국립중앙박물관
▲ 운포필호도

　민화는 옛날 사람들이 널리 사용하던 그림이에요. 따라서 민화 속에는 우리 조상의 삶과 신앙, 멋이 깃들어 있어요. 민화가 여느 그림과 다른 것은 생활에 필요한 실용적인 그림이라는 것이에요. 다시 말해, 선비들이 그린 격조 높은 산수화나 솜씨 좋은 화원이 그린 작품들은 오래 두고 감상하는 그림이지만, 민화는 어떤 특별한 목적을 위해 사용한 그림이지요.

　민화의 쓰임새는 여러 가지였어요. 혼례식이나 잔치를 치를 때 장식용으로 쓰던 병풍 그림도 민화였고, 대문이나 벽에 부적처럼 걸어 둔 것도 민화였고, 자신의 소망을 빌거나 누군가를 축하하는 그림도 민화였어요.

　민화는 호랑이, 까치, 물고기, 사슴, 학, 거북, 토끼, 매와 같은 동물이나 소나무와 대나무, 모란, 불로초, 연꽃, 석류 같은 식물 등의 다양한 소재를 사용했어요. 해태나 용 같은 상상의 동물도 있지요. 우리 조상은 민화에 복을 기원하고, 악귀나 나쁜 것을 몰아내는 힘이 있다고 믿었던 거예요.

– 장세현, 『한눈에 반한 우리 미술관』 중에서

3 민화에 대한 설명으로 알맞지 <u>않은</u> 것은 무엇인가요? (　　　　)

① 생활에 필요한 실용적인 그림이다.
② 옛날 사람들이 널리 사용하던 그림이다.
③ 우리 조상의 삶과 신앙, 멋이 깃들어 있다.
④ 어떤 특별한 목적을 위해 사용한 그림이다.
⑤ 선비들이 그려 격조가 높으며 오래 두고 감상하는 그림이다.

4 옛날 사람들이 민화를 사용하였던 때로 알맞지 <u>않은</u> 것은 언제인가요? (   )

① 혼례식을 치를 때   ② 누군가를 축하할 때

③ 자신의 소망을 빌 때   ④ 잔칫날 돈 대신 사용할 때

⑤ 대문이나 벽에 부적처럼 걸 때

5 이 글에서 빨간색으로 쓴 낱말들을 포함하는 낱말을 찾아 빈칸에 차례대로 쓰세요.

민화의 소재

( )	( )	상상의 동물
호랑이, 까치, 물고기, 사슴, 학, 거북, 토끼, 매	소나무, 대나무, 모란, 불로초, 연꽃, 석류	해태, 용

6 우리 조상은 민화에 어떤 힘이 있다고 믿었나요? 이 글에서 찾아 빈칸에 알맞은 말을 쓰세요.

우리 조상은 민화에 (   )을 기원하고, (   )나 나쁜
것을 몰아내는 힘이 있다고 믿었다.

한 문장 마무리

7 빈칸에 알맞은 말을 써서, 이 글의 내용을 정리해 보세요.

이 글은 민화의 뜻과 특징, ☐☐☐ 및 민화에 등장하는 다양한 ☐☐ 에
대하여 설명하고 있습니다.

뜻이 비슷한 말

◉ 다음 밑줄 친 말과 뜻이 비슷한 말을 골라 ○표 하세요.

전쟁에 나간 아들이 무사히 돌아오기를 <u>기원하다</u>.

빌다   저주하다

우리 영토를 침입한 외적을 <u>몰아내다</u>.

쫓아내다   초대하다

동생들이 놀아 달라며 공부를 <u>방해하다</u>.

도와주다   훼방하다

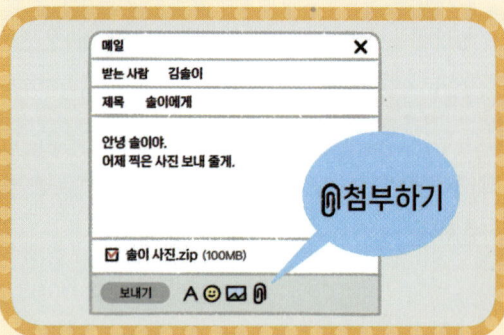

전자 우편을 보내면서 자료 파일을 <u>첨부하다</u>.

덜다   덧붙이다

설명하는 대상의 특징 알기 ⑤

 다음 글을 읽고 물음에 답해 봅시다.

해마다 겨울이면 큰고니, 독수리, 가창오리 같은 여러 종류의 새가 우리나라를 찾아옵니다. 반가운 겨울 손님들이지요. 그중 대표적인 손님은 바로 두루미입니다. '두루미'라는 이름은 "뚜루루루 뚜루루루." 하고 우는 독특한 울음소리에서 유래했다고 합니다. 두루미는 학이라고도 하는데 옛날 우리 조상은 학이라는 이름을 더 많이 사용했습니다.

요즘 우리나라에서 겨울을 나는 두루미는 120~150마리 정도라고 합니다. 옛날에는 수천 마리씩 찾아오기도 했으니 참 안타까운 일입니다. 더욱 놀라운 사실은 전 세계적으로 두루미가 2,800마리 정도만 남아 있다는 것입니다. 무분별한 개발에 따른 서식지 파괴와 환경 오염이 이처럼 끔찍한 결과를 가져오고 말았습니다. 우리나라에서 1968년에 천연기념물로 지정된 두루미는 환경부에서 멸종 위기 1급 조류로 지정하기도 했습니다. 그만큼 보호가 필요한 동물입니다.

– 국립생물자원관,『우리가 잘 몰랐던 신기한 생물 이야기』중에서

1 이 글에서 설명하는 새의 이름은 무엇인가요? (   )

① 참새   ② 철새   ③ 독수리   ④ 두루미   ⑤ 큰고니

2 두루미에 대한 설명으로 알맞지 <u>않은</u> 것은 무엇인가요? (   )

① 전 세계적으로 2,800마리 정도만 남아 있다.

② 울음소리에서 두루미라는 이름이 유래되었다.

③ 1968년 우리나라에서 천연기념물로 지정되었다.

④ 우리 조상들은 학보다 두루미라고 더 많이 불렀다.

⑤ 예전에는 수천 마리가 우리나라에서 겨울을 났었다.

다음 글을 읽고 물음에 답해 봅시다.

　연날리기는 정초에 전국에서 즐겨 행해지는 민속놀이의 하나이다. 연은 종이에다가 대쪽을 가로, 세로, 또는 모로 엇맞추어 붙이고 실을 매어서 만든다. 이 연을 공중에 띄워 올리는 것을 연날리기라고 한다. 연날리기에 사용되는 연의 모양은 민족과 나라마다 다르다.

　연은 주로 정월 초하루부터 대보름까지 날리는데, 대보름에는 연을 하늘로 멀리 날려보낸다. 이는 나쁜 것을 보내고 복을 맞아들인다는 뜻에서이다. 그러므로 연날리기는 오락성과 더불어 종교적인 뜻을 지닌 민속놀이라고 할 수 있다.

　연과 관련된 기록을 살펴보면 여러 가지 이야기를 찾을 수 있다. 신라의 김유신 장군이 밤에 불을 매단 연을 하늘로 올려 어수선한 민심을 바로잡았다는 이야기가 있다. 또, 고려의 최영 장군은 제주도를 정벌할 때 연을 이용하여 성을 공격하였다고 한다. 이러한 사실들로 보아, 아주 오랜 옛날부터 여러 가지 목적으로 연을 띄웠다는 것을 알 수 있다.

　연의 종류는 연에 붙이는 색종이나 연의 바탕에 칠하는 색깔 등에 따라 다양하다. 이를테면, 연의 이마 가운데에 반달 모양의 색종이를 붙인 것을 반달연이라고 하고, 둥근 달 모양의 색종이를 붙인 것을 꼭지연이라고 한다. 또, 연의 머리나 허리에 색종이를 붙이거나 색깔을 칠하여 동인 것을 동이연이라고 한다. 그리고 연의 윗부분은 희고 밑부분은 색깔이 다양한 것을 치마연이라고 하는데, 그 색깔에 따라 먹치마연, 청치마연, 홍치마연, 보라치마연 등이 있다.

　연을 만드는 데에는 대와 종이가 필요하다. 방패연의 경우, 종이를 가로와 세로의 비율이 2대 3이 되도록 직사각형으로 자른 다음, 그 종이를 접어서 한가운데에 연 길이의 $\frac{1}{3}$ 정도의 지름으로 둥근 구멍을 낸다. 이 구멍을 '방구멍'이라고 한다. 방구멍을 중심으로 가늘고 길게 깎아 다듬은 살을 종이에 붙인다. 머릿살과 허릿살은 가로로 붙이고, 기둥살은 세로로 붙이며, 귓살은 좌우 머리에 엇맞추어 붙인다. 그리고 벌이줄을 매어 균형을 잡는다.

　연줄에는 부레뜸이나 풀뜸을 한다. 이는 연줄에 부레를 끓인 물이나 풀을 먹이는 것이다. 이렇게 하면 연줄을 빳빳하고 억세게 할 수 있다. 또, 부레뜸이나 풀뜸을 할 때에 사금파리나 유리를 빻은 가루 등을 풀에 개어서 실에 올리기도 하는데 이를 '개미 먹인다'라고 한다. 이렇게 개미를 먹인 연줄은 연싸움할 때에 매우 유리하다.

3 연을 날리는 시기는 주로 언제인지 이 글에서 찾아 빈칸에 알맞은 말을 각각 쓰세요.

( )부터 ( )까지

4 연에 대한 설명으로 알맞지 <u>않은</u> 것은 무엇인가요? ( )

① 대보름에는 연을 하늘로 멀리 날려 보낸다.

② 연을 만드는 데에는 대와 종이가 필요하다.

③ 연의 모양은 민족과 나라가 달라도 비슷하다.

④ 개미를 먹인 연줄은 연싸움할 때에 매우 유리하다.

⑤ 연은 종이에다가 대쪽을 가로, 세로, 또는 모로 엇맞추어 붙이고 실을 매어서 만든다.

5 연의 이름과 그 모습으로 알맞은 것을 찾아 선으로 이으세요.

꼭지연 •

• 연의 윗부분은 희고 밑부분은 색깔이 다양한 것

동이연 •

• 연의 이마 가운데에 둥근 달 모양의 색종이를 붙인 것

반달연 •

• 연의 이마 가운데에 반달 모양의 색종이를 붙인 것

치마연 •

• 연의 머리나 허리에 색종이를 붙이거나 색깔을 칠하여 동인 것

한 문장
마무리

6 빈칸에 알맞은 말을 써서, 이 글의 내용을 정리해 보세요.

이 글은 ☐☐☐☐ 의 의미와 연의 종류, 연을 만드는 방법 등에 대해 설명하고 있습니다.

여러 가지 민속놀이

⊙ 사다리를 타고 내려가 민속놀이의 종류와 그 뜻을 확인해 보세요.

연날리기	 그네뛰기	 쥐불놀이	 팽이치기

정월 대보름의 전날에 논둑이나 밭둑마다 불을 붙이고, 막대기나 줄에 불을 달아 빙빙 돌리며 노는 놀이.

주로 겨울철에 즐겨했던 것으로, 나무를 원뿔 모양으로 깎아 만든 팽이를 채로 쳐서 돌리는 놀이.

주로 정월 초하루부터 보름까지 행하던 것으로, 바람을 이용하여 연을 하늘 높이 띄우는 놀이.

혼자 또는 두 사람이 그네 위에 올라타 그네 줄을 잡고 몸을 날려 앞뒤로 왔다 갔다 하면서 그네를 타는 놀이.

내용 간추리기 ➊

💜 민하가 아빠의 설명을 듣고 내용을 간추렸습니다. 빈칸에 들어갈 알맞은 말을 쓰세요.

와, 정말 다양한 악기가 있어요. 악기들의 종류가 궁금해요.

오케스트라는 관악기, 타악기, 현악기로 구성되어 있단다. 먼저 관악기는 입으로 불어서 관 안의 공기를 진동시켜 소리 내는 악기로, 클라리넷, 트럼펫 등이 있어.

그리고 타악기는 두드려서 소리를 내는 악기로, 북이나 트라이앵글 등이 해당하지.

또 현악기는 줄을 켜거나 타서 소리를 내는 악기로, 바이올린, 첼로 등이 있단다. 이제 이해가 좀 되었니?

아하! 악기를 소리 내는 방법에 따라 분류할 수 있네요. 어서 공연을 보고 싶어요.

☐☐의 종류에는 관악기, 타악기, ☐악기가 있다.

글을 간추릴 때에는 글의 전체적인 구조를 파악한 후, 각 문단의 중요한 내용을 찾아 정리해야 해요. 즉, 중심 문장이나 중심 내용, 중심 사건 등을 찾는 것이 가장 중요하지요. 그리고 중요하지 않은 내용은 빼고, 세부 내용은 대표적인 낱말을 이용하여 짧고 간단하게 정리해요. 문장을 이어 줄 때에는 적절한 이어 주는 말을 사용하지요. 자, 그럼 글의 특성에 맞춰 내용을 간추려 볼까요?

 **1** 다음 글을 읽고, 글의 내용을 간추려 보세요.

소희는 지난주에 전통문화 체험관으로 현장 체험 학습을 갔습니다.

먼저 마당에서 친구들과 함께 여러 가지 민속놀이를 하였습니다. 소희는 친구들과 마음을 맞추어 긴 줄넘기를 하고, 여러 가지 동작으로 비사치기도 하였습니다. 신나게 뛰고 나니 땀이 나고 기분도 상쾌하였습니다.

다음에는 체험관으로 들어가서 자신이 원하는 전통 공예품 만들기를 하였습니다. 소희는 흙을 빚어서 작은 접시를 만들었습니다. 소희가 만든 접시는 공예품을 만드는 곳으로 보내어 잘 말린 후 가마에 구워서 나중에 학교로 배달이 된다고 하였습니다. 소희는 자신이 만든 접시를 얼른 받아 보고 싶었습니다.

소희가 지난주에 한 일로 알맞은 것에 ○표 하세요.

(1) 현장 체험 학습으로 전통문화 체험관에 갔다. ····························· (   )
(2) 현장 체험 학습에서 만든 접시를 학교에서 받았다. ··················· (   )

💡 글을 읽을 때에는 장소의 변화에 따라 인물이 한 일을 살펴보세요.

각각의 장소에서 소희가 한 일로 알맞은 것을 찾아 선으로 이으세요.

| 마당 | • | • | 흙으로 접시 만들기 |

| 체험관 | • | • | 긴 줄넘기, 비사치기 |

 이 글의 내용을 간추릴 때에 ㉠과 ㉡에 들어갈 알맞은 말을 이 글에서 찾아 쓰세요.

소희는 지난주에 현장 체험 학습을 가서 여러 가지 [㉠]를 하고, 전통 [㉡]을 만들었다.

(1) ㉠: (   )   (2) ㉡: (   )

2 다음 글을 읽고, 글의 내용을 간추려 보세요.

지구 온난화는 지구 표면 근처의 공기와 바다의 평균 온도가 계속 올라가는 현상입니다. 과학자들은 사람들이 화석 연료를 많이 사용하고 숲을 함부로 파괴하여 지구 온난화가 발생한다고 주장합니다.

지구 온난화가 심해지면 남극과 북극의 빙하가 녹아 바닷물의 표면이 높아져 섬나라나 해안 도시는 물에 잠기게 됩니다. 또, 기후가 변화하면서 폭풍, 홍수, 가뭄과 같은 자연재해로 인한 피해가 심해지고 있습니다. 미국에서는 더욱 강해진 허리케인으로 인하여 큰 피해가 발생하였으며, 중국에서는 장대비로 천여 명이 목숨을 잃기도 하였습니다.

 이 글을 통해 알 수 있는 내용이 <u>아닌</u> 것을 찾아 ○표 하세요.

지구 온난화의 뜻	지구 온난화를 막는 방법
지구 온난화로 인한 피해	지구 온난화가 발생하는 까닭

 이 글의 중심 내용을 알맞게 간추린 친구의 이름을 쓰세요.

서연: 지구 온난화가 발생하는 순서에 따라 예시를 들어 설명하고 있어.
유정: 지구 온난화의 뜻과 생기는 까닭, 지구 온난화로 인한 여러 가지 피해를 설명하고 있어.

(   )

💡 글의 종류, 구조에 따라 글을 간추리는 방법이 달라요.

 설명하는 글의 내용을 간추리는 방법으로 알맞은 것에 ○표 하세요.

글쓴이의 주장과 주장을 뒷받침하는 여러 가지 근거를 중심으로 내용을 간추려야 한다.	각 문단에서 설명하는 내용을 간추리고, 문단별로 간추린 내용을 자연스럽게 연결하여 전체 내용을 간추려야 한다.
( )	( )

자연재해의 종류

○ 다음 그림과 낱말의 뜻을 보고, 빈칸에 들어갈 알맞은 말을 보기 에서 골라 쓰세요.

| 보기 | 가뭄 | 폭설 | 홍수 | 황사 |

긴 ☐☐으로 땅이 말라 버렸다.
└ 오랫동안 계속하여 비가 내리지 않아 메마른 날씨.

☐☐로 인해 도시가 물에 잠겼다.
└ 비가 많이 내려서 갑자기 크게 불어난 강이나 개천의 물.

☐☐로 도로에 눈이 쌓여서 교통이 매우
혼잡하다. └ 갑자기 많이 내리는 눈.

중국에서 날아온 ☐☐ 때문에 하루 종일
하늘이 누렇다. └ 중국 대륙의 모래가 강한 바람으로
인해 날아올랐다가 점차 내려오는
현상.

오늘 나의 실력을 평가해 봐!

🔺 부모님 응원 한마디

_____

내용 간추리기 ②

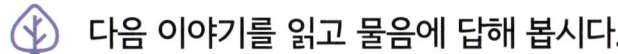
다음 이야기를 읽고 물음에 답해 봅시다.

어느 날 두 명의 나그네가 숲길을 걷고 있었습니다. 그런데 갑자기 두 사람 앞에 큰 곰 한 마리가 나타났습니다.

그러자 한 명의 나그네가 재빨리 나무 위로 기어 올라갔습니다. 다른 나그네는 도망을 가지 못하여서 고민하다가 땅에 누워 죽은 척을 하였습니다. 곰은 누워 있는 나그네에게 다가와 한참 귓가에 입을 대고 서 있다가 숲속으로 사라졌습니다.

곰이 숲속으로 사라지자 나무 위로 도망을 갔던 나그네가 안심하며 내려왔습니다. 그리고 누워 있던 남자에게 물었습니다.

"아까 곰이 자네에게 무엇이라고 한참 동안 말하는 것 같던데 무슨 말을 하였나?"

"위험한 상황일 때 친구를 버리고 혼자서 도망치는 사람과는 가까이 하지 말라고 하였네."

물어본 나그네는 부끄러워 얼굴이 빨갛게 되었습니다.

1 다음은 이 글의 내용을 간추린 것입니다. 빈칸에 알맞은 말을 골라 ○표 하세요.

어느 날 두 명의 나그네가 숲길을 걷다가 (곰, 친구)을 만났다. 한 친구는 재빨리 나무 위로 올라갔지만, 다른 친구는 그렇지 못하여 땅에 누워서 (다친, 죽은) 척을 하였다. 곰은 누워 있던 친구에게 다가와 귓가에 한참 입을 대고 서 있다 사라졌다. 잠시 후 나무에서 내려온 친구가 곰이 무슨 말을 하였느냐고 누워 있던 친구에게 묻자, (위험한, 행복한) 상황일 때 친구를 버리고 혼자 (도망치는, 잠자는) 사람과는 가까이 하지 말라고 하였다고 전했다. 이 말을 들은 친구는 (뿌듯하여, 부끄러워) 얼굴이 빨갛게 되었다.

다음 글을 읽고 물음에 답해 봅시다.

신라가 당, 일본과 활발한 무역을 하던 시절, 당의 세력이 기울면서 바다에서는 해적이 온갖 횡포를 부리고 있었다.

이 무렵, 전라남도 완도군에서 뱃사공의 아들 장보고가 태어났다. 어려서부터 몸이 날래고 용맹하고 지혜로웠던 장보고는, 당의 군대에 들어가서 벼슬을 하게 되었다. 그러던 어느 날, 장보고는 해적들에게 잡혀 온 신라 사람들의 비참한 생활 모습을 보게 되었다.

'내 조국 신라로 돌아가자. 가서 못된 해적을 막아 백성들을 편안하게 해 주자.'

신라로 돌아온 그는 흥덕왕의 허락을 받아 군사를 얻고 지금의 완도에 청해진을 설치하였다. 청해진 대사로 임명된 장보고는 당과 일본을 오가며 해적들을 소탕하였다. 장보고가 이름을 떨치며 활약한 지 얼마 되지 않아 해적들은 모습을 감추고 말았다.

장보고는 해적을 소탕한 뒤, 당과 일본과의 무역을 중간에서 이어 주는 해상 무역권을 손에 넣었다. 일찍이 장보고가 세계적인 변화와 흐름에 눈을 떠서 해상 무역의 중요성을 알고 있었기 때문이다. 장보고는 청해진을 무대로 당, 신라, 일본의 무역 활동을 주도하는 바다의 왕이 되었다.

이 무렵, 신라에서는 치열한 왕위 쟁탈전이 벌어지고 있었다. 왕위를 노린 사람들은 장보고를 이용하여 왕권을 빼앗았으나, 장보고의 세력이 커지는 것을 두려워하였다. 그리하여 841년 바다의 왕 장보고는 옛 부하였던 염장에게 살해되고 말았다.

– 김소천, 『역사 속의 한국인 100』 중에서

2 장보고에 대한 설명으로 알맞지 <u>않은</u> 것은 무엇인가요? (   )

① 당의 군대에 들어가서 벼슬을 하였다.

② 염장과의 다툼 끝에 841년 왕위에 올랐다.

③ 청해진 대사로 임명된 후 해적들을 소탕하였다.

④ 전라남도 완도군에서 뱃사공의 아들로 태어났다.

⑤ 흥덕왕에게 허락을 받고 지금의 완도에 청해진을 설치하였다.

3 장보고가 조국인 신라로 돌아온 까닭으로 알맞은 것에 ○표 하세요.

> 해적들에게 잡혀 온 신라 사람들의 비참한 생활 모습을 본 후, 신라로 돌아가 못된 해적을 막아 백성들을 편하게 해 주고 싶었기 때문이다.

(   )

> 바다에서 온갖 횡포를 부리고 있는 해적들의 모습을 보고, 해적들과 힘을 합쳐 당, 일본과 활발하게 무역을 하여 큰 부자가 되고 싶었기 때문이다.

(   )

4 장보고의 업적을 알맞게 말한 친구의 이름을 쓰세요.

> 선화: 해적들을 소탕한 뒤, 당과 일본과의 무역을 중간에서 이어 주는 해상 무역권을 손에 넣었어.
> 재윤: 당나라에서 목숨을 걸고 해적들과 싸워 승리하여 신라 사람들을 데리고 고향에 돌아왔어.

(   )

5 이 글의 내용을 간추린 것으로 알맞지 <u>않은</u> 것은 무엇인가요? (   )

> ① <u>신라 시대에 바다에서는 해적들이 온갖 횡포를 부리고 있었다.</u> ② <u>신라 사람들은 해적들에게 잡혀 와 당나라에서 비참한 생활을 하였다.</u> ③ <u>장보고는 조국인 신라로 돌아가서 해적들을 막아 백성들을 편하게 해 주어야겠다고 생각했다.</u> ④ <u>신라에 돌아온 장보고는 청해진 대사로 큰 활약을 하며 해적들을 소탕하였다.</u> 그리고 당, 신라, 일본의 해상 무역 활동을 주도하였다. ⑤ <u>장보고는 왕의 배신으로 신라에서 쫓겨나 당에서 쓸쓸히 생애를 마감하였다.</u>

한 문장
마무리

6 빈칸에 알맞은 말을 써서, 이 글의 내용을 정리해 보세요.

> 이 글은 [ ][ ][ ] 의 일생에 대하여 설명하고 있습니다.

뜻이 비슷한 말

○ 다음 밑줄 친 말과 뜻이 비슷한 말을 골라 ○표 하세요.

장보고가 해적들을 소탕하다.

살리다   없애다

도둑이 도망가지 못하게 감시하다.

지켜보다   놓아주다

모자와 콧수염으로 모습을 위장하다.

드러내다   변장하다

도적들이 나타나 마을 사람들의 재물을 약탈하다.

남기다   빼앗다

 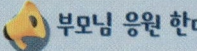

다음 글을 읽고 물음에 답해 봅시다.

태극기의 모양을 전체적으로 보면 흰색 바탕의 한가운데에 태극 문양이 있습니다. 그리고 건, 곤, 감, 이의 사괘가 태극 문양을 감싸고 있습니다.

태극기의 흰색 바탕은 밝음과 순수, 그리고 평화를 사랑하는 우리의 민족성을 나타냅니다.

태극 문양은 양의 기운을 나타내는 빨간색과 음의 기운을 나타내는 파란색의 조화를 보여 줍니다. 이는 우주 만물이 양의 기운과 음의 기운의 조화를 바탕으로 하여 만들어지고 발전한다는 자연의 이치를 나타낸 것입니다.

건, 곤, 감, 이의 사괘는 네 모서리에 그려져 있으며, 검은색 막대 모양입니다. 사괘는 음과 양이 서로 변화하고 발전하는 모습을 나타낸 것으로, 각각 상징하는 뜻이 있습니다. 왼쪽 위의 건(☰)은 하늘, 오른쪽 아래의 곤(☷)은 땅, 오른쪽 위의 감(☵)은 물, 왼쪽 아래의 이(☲)는 불을 상징합니다.

1 이 글의 내용을 간추려 쓸 때, 빈칸에 들어갈 알맞은 말을 쓰세요.

태극기의 모양은 흰색 바탕, 한가운데의 (　　　　　　) 문양, 네 모서리에 그려진 (　　　　　　)로 구성되어 있다. 흰색 바탕은 밝음과 순수, 평화를 사랑하는 우리의 (　　　　　　)을 나타내며, 태극 문양은 양의 기운과 음의 기운의 조화를 바탕으로 한 (　　　　　　)의 이치를 나타낸다. 마지막으로 사괘의 건, (　　　　　　), 감, (　　　　　　)는 각각 (　　　　　　), 땅, (　　　　　　), 불을 상징한다.

🌳 다음 글을 읽고 물음에 답해 봅시다.

우리가 가끔 사용하는 일회용 종이컵으로 인형을 만든다면 어떤 모습일까요? 한 번 쓰고 버리기 아까운 종이컵으로 말하는 인형을 만들어 봅시다. 완성된 모습을 생각하면서 말하는 종이컵 인형을 만드는 순서를 알아봅시다.

먼저, 종이컵 인형을 만들 준비물을 잘 챙겨 둡니다. 종이컵과 나무젓가락, 색종이, 가위, 풀, 셀로판테이프, 두꺼운 종이띠(나무젓가락 길이 정도)를 준비합니다.

종이컵의 자를 부분에 연필로 대강 선을 긋습니다. 종이컵에서 종이가 겹쳐 있는 부분은 자르기 어렵기 때문에 이 부분을 제외하고, 종이컵의 반쯤 되는 부분에 선을 그으면 됩니다. 그리고 가위로 자릅니다.

종이컵에서 종이가 겹쳐 있는 부분의 안쪽에 나무젓가락을 놓고 셀로판테이프로 고정합니다. 종이가 겹쳐 있는 부분은 가위로 자르지 않았던 부분입니다.

나무젓가락과 같은 길이의 두꺼운 종이띠를 종이컵 위에 나무젓가락과 같은 방향으로 놓습니다. 그리고 종이컵의 바깥쪽 윗부분에 셀로판테이프로 붙입니다. 그러면 종이가 나무젓가락 보다 위에 붙어 더 짧게 보입니다.

종이컵의 겉면에 그림을 그리거나 색종이를 잘라 붙입니다. 눈, 코, 입 등을 만들어 붙이거나 색칠하면 친구들과 놀이할 수 있는 다양한 동물이나 인형으로 꾸밀 수 있습니다. 이때, 나무젓가락이 보이는 쪽이 아래쪽입니다.

완성된 종이컵 인형의 나무젓가락을 한 손으로 잡고, 종이띠를 위아래로 당겼다 놓았다 반복합니다. 그러면 종이컵의 잘린 부분이 움직이면서 마치 인형이 말하는 것처럼 보입니다. 이제 친구들이 만든 여러 가지 재미있는 모양의 종이컵 인형을 가지고 즐겁게 놀이를 할 수 있습니다.

– 김충원, 『신나게 만들어 보자』 중에서

2 말하는 종이컵 인형을 만들 때 필요한 준비물이 <u>아닌</u> 것은 무엇인가요? (　　　　)

① 색종이　　　　② 종이컵　　　　③ 나무젓가락
④ 얇은 종이띠　　⑤ 셀로판테이프

3 이 글의 구조에 대한 설명으로 알맞은 것에 ○표 하세요.

크게 준비하기, 놀이하기의 두 부분으로 나누어져 있어.	준비하기, 만들기, 놀이하기의 세 부분으로 나누어져 있어.	준비하기, 선물하기, 놀이하기의 세 부분으로 나누어져 있어.
( )	( )	( )

4 말하는 종이컵 인형을 만들고 놀이하는 순서를 간추려 정리한 것입니다. 보기 에서 알맞은 내용을 찾아 기호를 쓰세요.

> 보기   ㉠ 종이띠 붙이기   ㉡ 종이컵 꾸미기   ㉢ 종이컵 자르기

준비물 챙기기 → (   ) → 나무젓가락 고정하기 → (   ) → (   )
→ 말하는 종이컵 인형 놀이하기

5 이 글과 같이 순서가 드러나는 글을 읽는 방법으로 알맞지 <u>않은</u> 것은 무엇인가요? (   )

① 설명을 자세히 살피며 읽는다.
② 큰 덩어리로 순서를 나누어 본다.
③ 차례를 알려 주는 낱말에 주의하며 읽는다.
④ 글을 읽고 전체의 순서를 머릿속에 떠올려 본다.
⑤ 재미있는 표현이나 반복되는 표현을 찾아 가며 읽는다.

한 문장 마무리

6 빈칸에 알맞은 말을 써서, 이 글의 내용을 정리해 보세요.

이 글은 말하는 □□□ 인형을 만드는 □□ 를 설명하고 있습니다.

뜻이 여러 가지인 말

○ 밑줄 친 '긋다'의 뜻으로 알맞은 것을 찾아 선으로 잇고, 아래의 낱말을 따라 쓰세요.

성냥을 <u>긋다</u>.

금이나 줄을
그리다.

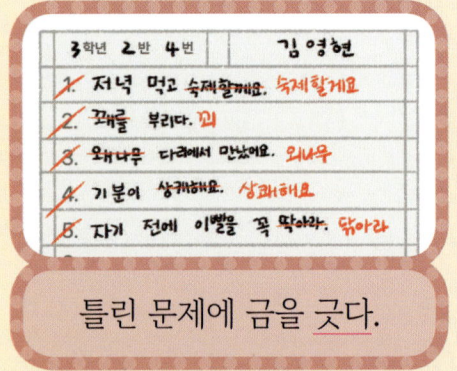

틀린 문제에 금을 <u>긋다</u>.

시험 채점에서
빗금을 표시하여
답이 틀림을
나타내다.

중요한 내용에 밑줄을 <u>긋다</u>.

성냥이나 끝이
뾰족한 것을 표면에
대고 약간 힘을
주어 움직이다.

' 긋 다 '는 하나의 낱말이지만 여러 가지 뜻을 지니고 있습니다.

7주 3일
정답 확인

오늘 나의 실력을 평가해 봐!

부모님 응원 한마디

내용 간추리기 ④

 다음 글을 읽고 물음에 답해 봅시다.

지난 일요일, 외삼촌께서 연희에게 예쁜 구슬을 사 주셨습니다. 투명한 구슬 속에 파란색과 분홍색 무늬가 들어 있는 것이었습니다. 연희는 예쁜 구슬을 선물받아 무척 기분이 좋았습니다.

연희는 월요일 오후에 친구들과 구슬치기를 하였습니다. 친구들이 모두 연희의 구슬을 보고 부러워하자, 연희는 기분이 우쭐해졌습니다. 친구들과 신나게 구슬치기를 하고 집으로 돌아왔습니다.

그런데 연희가 집에 와 보니 주머니 속에 구슬이 없었습니다. 친구들과 놀고 난 후에 주머니 속에 잘 넣어 두었는데 없어진 것이었습니다. 누가 자신의 구슬을 가져간 것일까 친구들 얼굴을 떠올리며 생각해 보았습니다.

화요일 아침, 연희가 학교에서 연필을 꺼내려고 필통을 열어 보았더니 구슬이 거기 들어 있었습니다. 주머니에서 구슬이 흐를까 봐 필통에 넣어 두었던 것이었습니다. 연희는 친구들을 의심한 것이 미안했습니다.

1 다음과 같이 연희에게 있었던 일을 시간 순서에 따라 간추릴 때 <u>없어도</u> 되는 내용은 무엇인가요? (   )

일요일	• 외삼촌께 예쁜 구슬을 선물받음. ·····································①
	• 구슬에는 파란색과 분홍색 무늬가 들어 있음. ·····················②
월요일	• 친구들과 구슬치기를 함. ···③
	• 친구들과 놀고 집에 와 보니 구슬이 없어짐. ·····················④
화요일	• 학교에서 필통을 열었다가 구슬을 발견함. ·······················⑤

다음 이야기를 읽고 물음에 답해 봅시다.

1 삼국 시대에 백제 사비성에는 이름난 석공 아사달이 살고 있었다. 그는 아사녀를 아내로 맞이한 지 얼마 안 되어 불국사의 돌탑을 만들기 위해 신라로 떠났다. 아사달은 고향을 떠나 있는 3년 동안 돌탑을 만드는 일에만 온 정성을 쏟았고 이제 거의, 돌탑도 완성되어 가고 있었다.

2 아사달이 3년이나 돌아오지 않자, 남편이 하는 일이 하루빨리 성취되어 기쁘게 만날 날만을 고대하며 그리움을 달래던 아사녀는 기다리다 못해 불국사까지 찾아오게 되었다. 그러나 탑이 완성되기 전까지는 여자를 들일 수 없다는 금기 때문에 남편을 만나지 못하였다. 오직 남편을 만나기 위해 천 리 길을 찾아온 아사녀는 날마다 불국사 앞에서 서성거리며 먼 발치로나마 남편을 보고 싶어 하였다.

3 이를 보다 못한 스님이 "여기서 얼마 떨어지지 않은 곳에 자그마한 연못이 있소. 지성으로 빈다면 탑 공사가 끝나는 대로 탑의 그림자가 못에 비칠 것이오. 그러면 남편도 볼 수 있을 것이오."라고 귀띔하여 주었다.

4 그 이튿날부터 아사녀는 온종일 연못에 탑의 그림자가 비치기를 기다렸지만 아무리 기다려도 연못의 수면에는 탑의 그림자가 비치지 않았다. 그러자 상심한 아사녀는 고향으로 되돌아갈 기력조차 잃고 남편의 이름을 부르며 그만 연못에 몸을 던지고 말았다.

2 아사달은 무엇을 하는 사람인가요? 알맞은 것에 ○표 하세요.

(1) 절을 가꾸고 돌보는 사람 ·· (   )

(2) 돌을 다루어 조각을 하는 사람 ···································· (   )

3 아사달이 신라로 떠난 까닭은 무엇인가요? (   )

① 신라에 불국사를 세우기 위해

② 신라 불국사에 세울 탑을 만들기 위해

③ 탑의 그림자가 연못에 비치는지를 확인하기 위해

④ 아사녀가 자신을 기다려 주는지를 알아보기 위해

⑤ 신라 불국사에서 사비성에 세울 탑을 만드는 방법을 배우기 위해

4 아사녀가 불국사를 찾아간 까닭은 무엇인가요? (   )

① 남편이 하는 일을 자신이 돕기 위해

② 남편이 있는 신라의 명소를 둘러보기 위해

③ 남편이 만든 탑이 무너지지 않도록 빌기 위해

④ 3년 동안 집으로 돌아오지 않는 남편이 그리워 만나기 위해

⑤ 남편이 하는 일이 연못에 잘 비치는지 가장 먼저 확인해 보기 위해

5 불국사에 간 아사녀가 남편을 만나지 못한 까닭으로 알맞은 것을 골라 ○표 하세요.

> 불국사의 탑이 완성되기 전까지는 (승려, 여자)가 들어갈 수 없다는 금기 때문에

6 이 글의 **1** ~ **4** 문단을 간추린 내용에 알맞게 선으로 이으세요.

1 문단 ・

2 문단 ・

3 문단 ・

4 문단 ・

・ 아사녀가 남편을 만나기 위해 불국사로 찾아왔지만 만나지 못했다.

・ 아사달을 만나지 못해 상심한 아사녀는 연못에 몸을 던졌다.

・ 백제의 석공 아사달이 불국사 돌탑을 만들기 위해 아내 아사녀를 두고 신라로 떠났다.

・ 스님이 아사녀에게 연못에 탑의 그림자가 비치면 남편도 볼 수 있을 것이라고 귀띔해 주었다.

한 문장 마무리

7 빈칸에 알맞은 말을 써서, 이 글의 내용을 정리해 보세요.

> 아사녀는 탑을 만들기 위해 신라로 떠난 남편 아사달을 만나러 [ ][ ][ ]에 갔지
> 만, [ ][ ] 때문에 남편을 만나지 못하였고 이에 상심하여 연못에 몸을 던졌습니다.

잘못 쓰기 쉬운 말

○ 다음 그림을 보고, 빈칸에 들어갈 말을 맞춤법에 맞게 쓴 것을 골라 ○표 하세요.

주머니에서 구슬이 (   ).

| 흐르다 | 흘르다 |

무당벌레의 날개에는 점 모양의 (   )가 있다.

| 무니 | 무늬 |

주말에 이모가 결혼식을 (   ).

| 치르다 | 치루다 |

오늘 저녁에 언니 생일 케이크를 사러 가자.

네. 너무 좋아요.

어머니께서 오늘 저녁에 언니의 생일잔치를 할 것이라고 (   )해 주셨다.

| 귀뜸 | 귀띔 |

내용 간추리기 ⑤

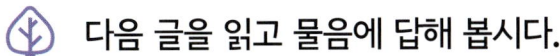 다음 글을 읽고 물음에 답해 봅시다.

가 사람들은 소금을 음식 맛을 내거나 염장 식품을 만드는 데 사용한다. 염장 식품은 수분을 빨아들여서 세균이 생기는 것을 막아 주는 소금의 성질을 이용한 식품이다. 간장, 된장, 고추장, 자반, 젓갈 등이 염장 식품의 예이다. 또, 소금은 공업용으로도 쓰인다. 나일론, 비누, 종이, 약품, 표백제, 살충제 등의 원료로 소금이 사용된다.

나 그 밖에도 소금은 일상생활에서 유용하게 쓰인다. 감기를 예방하기 위하여 소금 양치질을 하기도 하고, 꽃꽂이할 꽃을 싱싱하게 유지하기 위하여 가지를 잘라 소금물에 담그기도 한다. 또, 껍질을 벗긴 사과를 소금물에 담갔다가 건져 내어 변색되는 것을 막기도 하고, 달걀을 삶을 때에 소금을 조금 넣어서 껍데기가 갈라지는 것을 막기도 한다.

1 이 글의 중심 낱말은 무엇인지 찾아 두 글자로 쓰세요.

(   )

2 이 글에서 알 수 있는 소금의 쓰임이 아닌 것은 무엇인가요? (   )

① 간장 만들기   ② 살충제의 원료   ③ 음식 맛 내기
④ 꽃나무 심기   ⑤ 껍질 벗긴 사과의 변색 막기

3 가 와 나 문단의 내용을 간추려 쓴 것입니다. 빈칸에 알맞은 말을 이 글에서 찾아 쓰세요.

가 문단	소금은 식품용이나 ( )으로도 쓰인다.
나 문단	소금은 ( )에서 유용하게 쓰인다.

빨래하는 여인들, 둥그렇게 둘러앉아 씨름을 구경하는 사람들, 무서운 훈장님 앞에서 벌 받는 친구를 보며 웃음을 참느라 입을 꼭 다물고 있는 아이들……. 어디에서인가 이러한 내용을 담은 그림들을 본 적이 있을 것입니다. 이렇게 우리 생활 속의 모습을 꾸밈없이 그린 그림을 '풍속화'라고 합니다. 조선 후기에는 풍속화가 매우 유행하였습니다. 주로 서민들의 모습이 담긴 풍속화를 가장 잘 그린 화가가 김홍도입니다.

김홍도는 어린 시절부터 그림에 재능을 보였습니다. 어린 나이에 김홍도는 당시의 유명한 화가였던 강세황에게 그림을 배우게 되었습니다. 뛰어난 재능에 훌륭한 스승을 만난 김홍도는 곧 유명한 화가가 되었습니다. 김홍도의 그림을 본 사람들은 입에 침이 마르게 칭찬을 하였습니다.

"우리나라가 내놓은 천재 화가로다!"

김홍도는 스무 살도 되기 전에 나라에서 운영하는 도화서에서 일하게 되었습니다. 그리고 임금의 초상화인 '어진'을 그리는 화가로 임명되어 영조와 정조의 초상화를 그리기도 하였습니다.

'집짓기', '대장간', '서당', '씨름' 등 김홍도가 남긴 풍속화는 우리 미술사에 길이 남을 뛰어난 작품들입니다. 꾸밈없는 그의 그림에는 웃음과 해학이 넘치는 정겨운 모습들이 잘 나타나 있습니다.

또, 김홍도는 정조가 사도 세자의 넋을 위로하기 위하여 지은 절인 용주사의 후불탱화를 그리는 것을 감독하였는데, 이 그림에는 김홍도의 영향으로 음영법이 많이 사용되었습니다. 음영법은 한 가지 색으로 밝고 어두운 정도에 차이를 두어 그림이 실제처럼 보이도록 하는 방법입니다. 김홍도는 서양에서 새로이 들어온 음영법을 과감하게 사용하기 시작하였습니다.

김홍도는 조선 후기의 문화를 그림으로 많이 표현하였습니다. 그러나 아쉽게도 그를 특별히 아꼈던 정조의 죽음 이후에는 쓸쓸한 노년을 보내게 되었습니다. 그 뒤, 김홍도가 어떻게 살았고 언제 세상을 떠났는지 자세히 알 수 없지만, 그의 풍속화는 오늘날 높이 평가되고 있습니다.

- 김용란, 『국사편찬위원회가 뽑은 한국 역사 인물 100인』 중에서

4 김홍도가 한 일로 알맞은 것은 무엇인가요? (   )

① 도화서에서 풍속화만 그렸다.　　　② 사도 세자를 위하여 절을 지었다.

③ 영조와 정조의 생활 모습을 그렸다.　④ 늦은 나이에 도화서에 겨우 들어갔다.

⑤ '집짓기', '대장간'과 같은 풍속화를 그렸다.

5 김홍도의 그림 중 '풍속화'가 아닌 것은 무엇인가요? (   )

① 서당　　　② 씨름　　　③ 어진　　　④ 집짓기　　　⑤ 대장간

6 용주사 후불탱화를 그릴 때 감독한 김홍도는 그림에 대해 어떤 생각을 가지고 있었을까요?

(   )

① 그림은 상상해서 그리는 것이 좋다.

② 그림은 여러 가지 색으로 그리는 것이 좋다.

③ 그림을 그리는 새로운 방법은 익힐 필요가 없다.

④ 새로운 기법을 사용해 그림을 그려 봐도 좋겠다.

⑤ 서양의 그림 그리는 기법은 우리의 그림과 맞지 않다.

7 이 글의 내용을 간추리기 위해 주의 깊게 살펴보아야 할 것이 아닌 것을 두 가지 고르세요.

(,   )

① 김홍도가 한 일　　　　　　② 조선 전기 그림의 특색

③ 김홍도가 살았던 시대 상황　④ 김홍도가 그린 풍속화의 특징

⑤ 김홍도를 아꼈던 정조의 업적

한 문장 마무리

8 빈칸에 알맞은 말을 써서, 이 글의 내용을 정리해 보세요.

이 글은 조선 후기 유행한 ☐☐☐ 을 잘 그린 화가 ☐☐☐ 에 대해 설명하고 있습니다.

공통된 한자가 붙는 말

● 공통된 한자가 붙는 말을 따라 쓰고, 그 뜻을 알아보세요.

서민들의 모습을 그린 풍 속 화 전시회를 보러 갔다.

이모가 나의 초 상 화 를 그려 주셨다.

과일과 꽃을 보면서 정 물 화 를 그렸다.

이 낱말들에는 공통으로 '화'가 들어 있어요. 한자 '화(畫)'는 어떤 말의 뒤에 붙어서 '그림'이라는 뜻을 더해 주는 말이에요. '풍속화'는 당시의 풍속을 그린 그림, '초상화'는 사람의 얼굴이나 모습을 그린 그림, '정물화'는 꽃이나 과일 등 움직이지 못하는 물체를 놓고 그린 그림을 뜻해요.

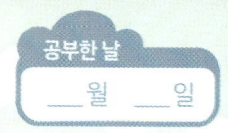

8주 1일 감각적 표현 알기 ①

🌱 감각적 표현을 사용하여 말한 사람을 찾아 ○표 하세요.

감각적 표현을 사용하여 말한 사람은 (아이, 엄마)입니다.

우리는 눈으로 보고, 귀로 듣고, 입으로 맛보고, 코로 냄새를 맡고, 손으로 만지면서 사물을 느낄 수 있어요. 사물의 느낌을 생생하게 표현한 것을 감각적 표현이라고 해요. 시나 이야기에서 감각적 표현을 쓰면 대상이나 사건을 직접 보거나 듣는 것처럼 생생하게 전달하여 읽는 이가 재미를 느끼도록 하지요. 자, 이제 작품 속에서 감각적 표현을 찾아볼까요?

1 다음 시를 읽고, 감각적 표현을 찾아보세요.

소나기

오순택

누가 잘 익은 콩을
저렇게 쏟고 있나

㉠또로록 마당 가득
실로폰 소리 난다

소나기 그치고 나면
하늘빛이 더 맑다

 이 시를 읽고 떠오르는 장면은 무엇인지 빈칸에 알맞은 말을 쓰세요.

갑자기 (   )가 오다가 맑게 갠 장면

 💡 직접 보거나 듣는 것, 만지는 것처럼 생생하게 느낌을 전달하고 있는 표현을 찾아보아요.
이 시에서 소나기가 내리는 소리를 빗대어 표현한 것을 두 가지 고르세요. (,   )

① 실로폰을 연주하는 소리   ② 잘 익은 콩을 쏟는 소리
③ 아이들이 마당에서 뛰어노는 소리   ④ 할머니가 콩으로 메주를 만드는 소리
⑤ 농사를 짓고 곡식을 추수할 때 나는 소리

 💡 흉내 내는 말을 사용하여 감각적으로 표현하면 생생하고 실감 나게 느껴져요.
㉠이 주는 느낌을 알맞게 표현한 것에 ○표 하세요.

잘 익은 콩의 맛과 구수한 냄새가 생생하게 느껴진다.	소나기가 내리는 소리가 귀에 들리는 것처럼 생생하게 느껴진다.
☐	☐

 **2** 다음 글을 읽고, 감각적 표현을 찾아보세요.

가 비바람이 몰아쳤습니다. 나무가 흔들리는 소리가 났습니다.

그때였습니다.

창밖에서 소리가 났습니다. 어디인가 아플 때 내는 소리 같았습니다. 누가 내는 소리인지 정말 궁금했지만 무서워서 창문을 열지 못했습니다.

나 비바람이 몰아쳤습니다.

"휘이익, 휘익– 휘이익–"

나무가 흔들렸습니다.

"쉭– 쉬쉬쉬쉭쉭"

창밖에서 소리가 났습니다.

"아, 아, 아야야야, 아, 아"

어디인가 아플 때 내는 소리 같았습니다. 누가 내는 소리인지 정말 궁금했지만 심장이 쿵쾅쿵쾅 뛰어서 창문을 열지 못했습니다.

 가와 **나**의 중심 내용은 무엇인가요? (   )

① 친구와 나무를 심은 일   ② 가족과 나들이를 간 일
③ 비를 맞고 온 동생이 아팠던 일   ④ 비바람이 몰아치는 날 있었던 일
⑤ 비가 올 때 동생에게 우산을 가져다준 일

 **가**와 **나**의 차이점을 알맞게 말한 친구는 누구인지 쓰세요.

민지: **가**가 **나**보다 내용을 생생하게 표현했어.

영희: **나**가 **가**보다 상황을 실감 나고 생생하게 표현했어.

수연: **나**는 이어질 이야기를 쉽게 예상할 수 있도록 해 줘.

진호: **가**는 나무가 흔들릴 때 나는 소리를 직접 들리는 것처럼 표현했어.

(   )

꾸며 주는 말

● 다음 그림을 보고, 빈칸에 들어갈 알맞은 말을 골라 ○표 하세요.

동전이 (　　　　) 굴러갔다.

> 까무룩

> 또르르

큰 개를 보자 무서워서 심장이 (　　　　) 뛰었다.

> 쿵쾅쿵쾅

> 키득키득

김치찌개가 (　　　　) 끓는다.

> 아삭아삭

> 보글보글

손을 비누로 (　　　　) 깨끗하게 닦았다.

> 뽀드득

> 포르르

감각적 표현 알기 ❷

🌿 다음 시를 읽고 물음에 답해 봅시다.

> ### 강아지풀
>
> 강현호
>
> 풀숲에서
> 귀여운 강아지를 만났다.
>
> 솜털같이 복슬복슬한
> 꼬리를 살랑살랑
>
> ㉠ <u>요요요</u>
> <u>요요요요</u>
> 정답게 부르면
>
> 우리 집까지
> 따라올 것 같아
> 자꾸만 숲길을 뒤돌아보았다.

1 이 시에서 강아지풀의 모습을 표현한 것을 두 가지 고르세요. (　　　,　　　)

① 가늘고 연약하다.　　　　　　② 귀여운 강아지이다.
③ 크고 단단하게 생겼다.　　　　④ 검은 털이 보송보송 나 있다.
⑤ 솜털같이 복슬복슬한 꼬리를 살랑인다.

2 ㉠은 어떤 소리를 감각적으로 표현한 것인가요? (　　　　　)

① 강아지풀을 부르는 소리　　　　② 강아지가 엄마를 부르는 소리
③ 친구를 그리워하는 강아지가 내는 소리　④ 강아지가 주인을 따라다니며 짖는 소리
⑤ 강아지와 친구들이 함께 어울려 노는 소리

🌱 다음 시를 읽고 물음에 답해 봅시다.

감기

정유경

내 몸에
불덩이가 들어왔다.
- 뜨끈뜨끈.
불덩이를 따라
몹시 추운 사람도 들어왔다.
- ㉠ 오들오들.

약을 먹고 나니
느릿느릿,
거북이도 들어오고
까무룩,
잠꾸러기도 들어왔다.

내 몸에
너무 많은 것들이 들어왔다.
그래서
내 몸이 아주 무거워졌다.

3 이 시의 말하는 이는 지금 어떤 상태인가요? (   )

① 감기가 다 나아 건강해졌다.   ② 감기에 걸려 힘들어하고 있다.
③ 감기에 걸린 친구를 문병하고 있다.   ④ 추운 데서 친구를 기다리느라 지쳤다.
⑤ 운동을 하지 않아 몸무게가 많이 늘어났다.

4 이 시에서 말하는 이의 몸에 들어왔다고 한 것이 <u>아닌</u> 것은 무엇인가요? (   )

① 거북이   ② 불덩이   ③ 잠꾸러기
④ 얼음덩어리   ⑤ 몹시 추운 사람

5 ㉠ '오들오들'은 무엇을 표현한 말인가요? (　　　　)

① 몸을 떨고 있는 모습　　　　　② 손뼉을 치고 있는 모습

③ 열심히 운동을 하는 모습　　　④ 음식을 맛있게 먹는 모습

⑤ 친구와 재미있게 이야기를 나누는 모습

6 말하는 이의 몸 상태를 나타낸 감각적 표현으로 알맞은 것을 찾아 선으로 이으세요.

약을 먹고 졸린 상태	·	·	불덩이가 들어왔다. – 뜨끈뜨끈.
몸에서 몹시 열이 나는 상태	·	·	약을 먹고 나니 느릿느릿, 거북이도 들어오고
약을 먹은 뒤 몸이 무거워져 움직임이 느려진 상태	·	·	까무룩, 잠꾸러기도 들어왔다.

7 감각적 표현을 사용하면 좋은 점을 알맞게 말한 두 친구를 골라 〇표 하세요.

| 은우: 시의 장면을 더 길고 자세하게 표현할 수 있어.
☐ | 지현: 말하는 이의 주장이 적절한지 쉽게 파악할 수 있어.
☐ | 하영: 사물에 대한 느낌을 더욱 재미있게 표현할 수 있어.
☐ | 소미: 상황에 대한 느낌을 더욱 실감 나게 표현할 수 있어.
☐ |

한 문장 마무리

8 빈칸에 알맞은 말을 써서, 이 시의 내용을 정리해 보세요.

　　☐☐에 걸려 아픈 상황을 '☐☐☐☐, 오들오들, 느릿느릿, 까무룩'

등의 감각적 표현을 사용하여 나타낸 시입니다.

뜻을 더해 주는 말

다음 밑줄 친 말의 뜻으로 알맞은 것을 찾아 선으로 잇고, 아래의 낱말을 따라 쓰세요.

영현이는 잠<u>꾸러기</u>이다.

욕심이
많은 사람.

언니는 욕심<u>꾸러기</u>이다.

장난이
심한 사람.

무너트릴
거야!

내 동생은 장난<u>꾸러기</u>이다.

잠을 많이
자는 사람.

'-꾸러기'는 '그것이 심하거나 많은 사람.'이라는 뜻을 더하는 말입니다.

감각적 표현 알기 ❸

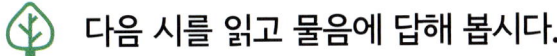

🌳 다음 시를 읽고 물음에 답해 봅시다.

아기 고래

김륭

뭐든 제멋대로 되지 않으면
온몸을 바동바동

울지 마 울지 마
달래면 달랠수록 더 큰
울음을 내뿜는
내 동생

아기 고래다!

대왕오징어였으면
큰일 날 뻔했다

식구들 모두 시커멓게
먹물을 뒤집어썼을 테니까
앞이 깜깜했을 테니까

1 동생이 몸을 비틀면서 떼를 쓰는 모습을 감각적으로 표현한 말을 찾아 네 글자로 쓰세요.

(   )

2 이 시에서 동생을 아기 고래에 빗대어 표현한 까닭을 알맞게 말한 친구를 찾아 ○표 하세요.

미희: 동생이 활짝 웃는 모습이 아기 고래의 모습과 비슷하기 때문이야.

□

영호: 아기 고래가 물을 뿜듯이 동생도 울음을 내뿜는 것이 비슷하기 때문이야.

□

🌳 다음 노랫말을 읽고 물음에 답해 봅시다.

나물 노래

들에 가면 들나물
새봄이라 봄 냉이
쑥쑥 뽑아 쑥 나물

참기름에 참비름
나리나리 ⃞ ㉠ ⃞
꼬불꼬불 고사리

살살 달래라 달래
말랑말랑 말냉이
㉡질경질경 질경이

3 이 노랫말은 무엇에 대한 내용인지 알맞은 것을 골라 ◯표 하세요.

여러 가지 종류의 (과일, 나물)

4 '쑥 나물'의 이름이 지어진 까닭에 대해 알맞게 말한 친구는 누구인가요? (   )

① 보라: 쑥의 쓴맛 때문에 지어진 이름이야.

② 진희: 봄이라는 계절 때문에 지어진 이름이야.

③ 은지: '쑥쑥 뽑는다'라는 말에서 지어진 이름이야.

④ 소미: 참기름 냄새가 '쑥' 난다는 말에서 지어진 이름이야.

⑤ 수현: 쑥 나물의 느낌이 보들보들하기 때문에 지어진 이름이야.

5 ㉠에 들어갈 나물로 가장 알맞은 것은 무엇인가요? (   )

① 도라지   ② 돌나물   ③ 미나리   ④ 시금치   ⑤ 콩나물

6 ⓛ '질경질경'이 주는 느낌으로 가장 알맞은 것은 무엇인가요? (   )

① 단단하고 딱딱한 느낌   ② 보드랍고 촉촉한 느낌

③ 거칠고 울퉁불퉁한 느낌   ④ 가늘고 쉽게 부러질 것 같은 느낌

⑤ 몹시 질기고 잘 끊어지지 않는 느낌

7 나물의 이름에 알맞은 감각적 표현을 찾아 선으로 이으세요.

나물		감각적 표현
고사리 •		• 꼬불꼬불
말냉이 •		• 말랑말랑
질경이 •		• 질경질경

8 이 노랫말처럼 '콩나물'의 이름이 지어진 까닭을 감각적 표현을 사용하여 말한 친구의 이름을 쓰세요.

> 은솔: 콩이 콩콩 자라나서
>
> 미진: 서걱서걱 씹히는 맛이 좋아서
>
> 소희: 콩나물이 돌 틈에서 비집고 자라나서

(   )

한 문장 마무리

9 빈칸에 알맞은 말을 써서, 이 노랫말의 내용을 정리해 보세요.

> 여러 가지 종류의 □□ 에 대한 내용을 담고 있는 노랫말입니다.

나물의 이름

○ 사다리를 타고 내려가 나물의 이름을 확인해 보세요.

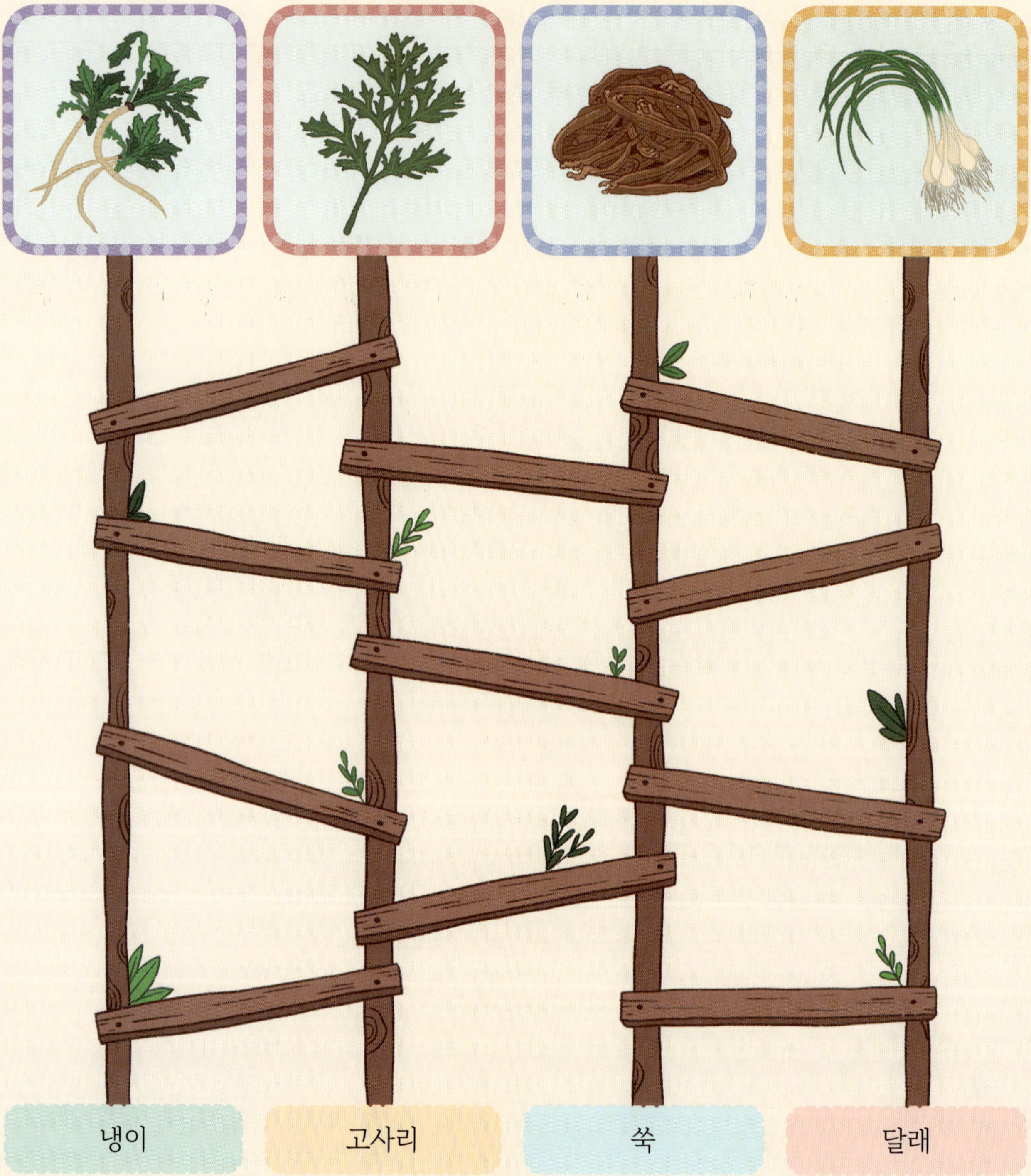

| 냉이 | 고사리 | 쑥 | 달래 |

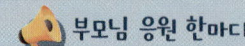

8주 4일 감각적 표현 알기 4

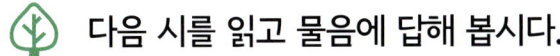

🌳 다음 시를 읽고 물음에 답해 봅시다.

공을 차다가

이정환

공을 차다가 그만
㉠햇빛을 뻥!
차 버렸어요.

운동화가 우아! 하고
한참 솟구쳐 오를 때

친구는
공 몰고 어느새
골문까지 간 걸요.

1 이 시를 읽고 떠오르는 장면으로 알맞은 것은 무엇인가요? (   )

① 아이들이 축구를 하는 모습
② 운동장에서 스트레칭을 하는 모습
③ 다투었던 친구와 화해하는 모습
④ 어머니께서 운동화를 빨고 계신 모습
⑤ 아버지께서 피곤한 몸으로 잠드신 모습

2 ㉠의 표현에 대하여 알맞게 말한 친구는 누구인가요? (   )

① 미소: 축구공을 강하게 '뻥!' 하고 차는 모습을 표현하였어.
② 은호: 헛발질하여 공을 차지 못한 것을 생생하게 표현하였어.
③ 은희: 햇볕이 내리쬐다가 갑자기 구름이 몰려온 상황을 표현하였어.
④ 승주: 친구와 함께 마주 보며 웃고 있는 장면을 생생하게 표현하였어.
⑤ 수연: 축구를 할 때 햇볕이 쨍쨍 내리쬐는 것을 실감 나게 표현하였어.

다음 이야기를 읽고 물음에 답해 봅시다.

나는 갈매기야.

큰 바위섬에 살고 있지. 파란 하늘과 구름은 언제 봐도 좋아.

따뜻한 바람이 불면 높이 날아올라 물고기 떼를 찾고, 배가 부르면 친구들과 모여서 수다를 떨지.

잡은 물고기를 먹는 것도 아주 좋아해.

적어도 그때까지는 그랬어.

㉠"뿌우우우우웅!" / 어느 날, 큰 배가 바위섬으로 다가왔어.

"쿵짝 뿡짝 띠리리라라." / 노랫소리와 함께 큰 배가 바위섬 옆을 지났지.

소리를 지르고, 손을 흔들고, 뽀뽀를 하고, 노래를 부르는 많은 사람이 있었어.

큰 배 뒤쪽에서는 아이들이 무언가를 던지고 있었어.

툭툭! 바스락! / 어, 이게 뭐지?

콕콕 쪼아 봤어. / 짭조름하고 고소한 냄새에 코끝이 찡했어.

조심스럽게 한 입 깨물어 보았지.

와그작. / 바삭! 바삭!

"꺄아악!" / 이…… 이 맛은 뭐지?

㉡그건 마치 훌쩍 날아오른 뒤에 바다 한쪽이 "쿵!" 무너져 내린 거대한 구멍 속으로 바닷물과 함께 빨려 드는 느낌이었어.

바삭! 바삭!

"더 먹고 싶어!" / 우리는 큰 배를 따라 날았어.

사람들이 던져 주는 바삭바삭을 먹기 위해서는 배에 바짝 붙어서 날아야 했지.

– 전민걸, 『바삭바삭 갈매기』 중에서

3 이 글의 내용으로 알맞지 <u>않은</u> 것은 무엇인가요? (   )

① '나'는 큰 바위섬에 살고 있다.   ② '나'는 물고기를 먹는 것을 싫어한다.
③ 큰 배에는 많은 사람이 타고 있었다.   ④ '나'는 처음으로 '바삭바삭'을 먹게 되었다.
⑤ 큰 배에서 아이들이 '바삭바삭'을 던졌다.

4 ㉠ "뿌우우우우웅!"은 어떤 소리를 표현한 것인가요? (   )

① 방귀 소리　　　　② 뱃고동 소리　　　　③ 아이들의 노랫소리

④ 갈매기가 우는 소리　　⑤ 물고기 떼가 헤엄치는 소리

5 갈매기가 먹은 '바삭바삭'의 냄새로 알맞은 것에 ◯표 하세요.

(시큼하고 비릿한, 짭조름하고 고소한) 냄새

6 이 글에서 다음과 같은 소리를 나타낸 감각적 표현을 찾아 선으로 이으세요.

큰 배에서 나는 음악 소리	•	•	툭툭! 바스락!
갈매기가 무언가를 쪼는 모습과 소리	•	•	와그작. 바삭! 바삭!
갈매기가 '바삭바삭'을 깨물었을 때 난 소리	•	•	쿵짝 뿡짝 띠리리라라

7 ㉡은 무엇을 감각적으로 표현한 것인지 골라 ◯표 하세요.

(1) 갈매기가 물고기를 낚아챌 때의 느낌 ·······························(   )

(2) 갈매기가 '바삭바삭'한 무언가를 처음 깨물었을 때의 느낌 ··············(   )

8 감각적 표현을 생각하며 이야기를 읽었을 때 좋은 점을 찾아 기호로 쓰세요.

㉮ 이야기의 흐름을 정확하게 이해할 수 있다.

㉯ 직접 보거나 듣는 것처럼 장면을 생생하게 떠올릴 수 있다.

(   )

한 문장 마무리

9 빈칸에 알맞은 말을 써서, 이 글의 내용을 정리해 보세요.

☐☐☐ 는 처음으로 ☐☐☐☐ 을 먹은 후 그 맛에 빠졌고, 더 먹고 싶어 하고 있습니다.

움직임을 나타내는 말

○ 다음 그림을 보고, 문장에 어울리는 말을 골라 ○표 하세요.

닭이 모이를 (밟다, 쪼다).

공을 골대 앞으로 (몰다, 잡다).

감자를 한 입 (깨물다, 허물다).

쌀쌀한 날씨에 입김을 (내밀다, 내뿜다).

  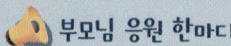

🌳 다음 일기를 읽고 물음에 답해 봅시다.

날짜: 20○○년 9월 29일 토요일	날씨: 맑음

　　나는 사흘 전부터 독감에 걸려서 학교에 가지 못하고 있다. 사흘째 앓아누워 있었더니 심심하기도

하고, 반 친구들도 보고 싶었다.

　　안 그래도 심심한데, 오후가 되자 밖에서 아이들이 노는 소리가 들렸다.

　　"탁탁-" / "탁탁탁-"

　　긴 줄넘기가 땅바닥을 치는 소리가 들려왔다.

　　친구들의 줄넘기 소리에 내 마음도 콩콩콩 뛰었다. 친구들의 흥겨운 노랫소리와 발맞추어 뛰는

소리에 맞춰 내 손가락도 함께 통통통 뛰었다. ㉠줄넘기 소리가 내 마음을 두드렸다.

　　나도 빨리 나아서 돌아가는 줄 속으로 뛰어들고 싶다. 친구들과 함께 발을 맞추며 힘껏 뛰고 싶다.

파란 하늘을 보며 폴짝폴짝, 더 높이 뛰고 싶다.

1 이 글에 쓰인 표현에 대한 설명으로 알맞은 것에 ◯표 하세요.

(1) 줄넘기를 하는 소리가 들리는 것 같다. ·· (　　　)

(2) 공놀이를 하다가 창문을 깬 모습이 떠오른다. ····································· (　　　)

2 ㉠에서 줄넘기 소리가 '나'의 마음을 두드린다고 표현한 까닭은 무엇인가요? (　　　)

① 갑자기 들려온 소리에 깜짝 놀랐기 때문에

② 줄넘기를 하다가 줄에 걸려 넘어졌기 때문에

③ 줄넘기를 해서 심장이 너무 빨리 뛰었기 때문에

④ 줄넘기를 더 이상 하고 싶지 않은 마음이 들었기 때문에

⑤ 줄넘기 소리가 들려오자 줄넘기를 하고 싶은 마음이 들었기 때문에

🌳 다음 시를 읽고 물음에 답해 봅시다.

홍시

김종영

㉠쪽쪽 햇살을 빨아먹고
쪽쪽 노을을 빨아먹고.

통통
말랑말랑
익은 홍시.

톡 건드리면
좌르르 햇살이 쏟아질 것 같아.
톡 건드리면
[　　㉡　　] 노을이 흘러내릴 것 같아.

색동옷 입은 아기바람도
입만 맞추고 가고,
장난꾸러기 참새들도
침만 삼키고 간다.

3 이 시에서 표현하고 있는 대상은 무엇인가요? (　　　　)

① 노을　　　　② 햇살　　　　③ 홍시
④ 색동옷　　　⑤ 아기바람

4 이 시에서 다음 설명에 해당하는 말은 무엇인가요? (　　　　)

> 가볍게 살짝 치거나 건드리는 모양.

① 쪽쪽　　　　② 통통　　　　③ 말랑말랑
④ 톡　　　　　⑤ 좌르르

5 이 시의 내용에 대한 이해로 알맞은 것은 무엇인가요? (　　　)

① 홍시를 만져 보면 단단할 것이다.

② 홍시가 바닥에 떨어져 사방으로 튀었다.

③ 참새들이 홍시를 맛있게 먹고 가 버렸다.

④ 잘 익은 홍시가 나무에 탐스럽게 매달려 있다.

⑤ 바람이 불어서 홍시가 그만 나무에서 떨어졌다.

6 ㉠에서 '쪽쪽'이라는 표현을 넣고 읽을 때와 빼고 읽을 때의 느낌에 대해 알맞게 말한 친구의 이름을 쓰세요.

> 다솜: '쪽쪽'을 빼고 읽으면 시가 훨씬 생동감 있고 간결하게 느껴져.
>
> 나래: '쪽쪽'을 넣어 읽으니 아기바람이 살랑 부는 모습이 더욱 실감 나게 느껴져.
>
> 가람: '쪽쪽'을 넣으니 색동옷을 입은 아이가 홍시를 맛있게 먹는 모습이 생생하게 느껴져.
>
> 라온: '쪽쪽'을 넣어 읽으면 홍시가 햇살이나 노을을 받으며 익어 가는 모습이 더욱 생생하게 느껴져.

(　　　　　)

7 ㉡에 들어갈 가장 알맞은 감각적 표현은 무엇인가요? (　　　)

① 덜커덩　　　② 졸졸졸　　　③ 쭈르르　　　④ 파르르　　　⑤ 송알송알

한 문장 마무리

8 빈칸에 알맞은 말을 써서, 이 시의 내용을 정리해 보세요.

> 햇살과 노을을 받아 탐스럽게 익은 □□의 모습을 표현하였습니다.

관용 표현

○ 다음 그림을 보고, 밑줄 친 관용 표현의 알맞은 뜻을 찾아 선으로 이으세요.

밥상을 보고 <u>침을 삼키다</u>.

음식 등을 몹시 먹고 싶어 하다.

성현이는 <u>발이 넓다</u>.

여러 사람과 쉽게 잘 사귀어서 아는 사람이 많다.

백성들의 말에 <u>귀를 기울이다</u>.

남의 이야기나 의견에 관심을 가지고 주의를 모으다.

1주 중심 문장과 뒷받침 문장 알기

1주 1일

- 🌰 ㉠

1. ☝ ⑤   ✌ ①
   ✋ (1) ㉠ (2) ㉡, ㉢ (3) ㉣

2. ✌ (1) ㉠ (2) ㉡, ㉢, ㉣
   ✌ (2) ○   ✌ ④

1

✌ 중심 내용이 담긴 중심 문장은 ㉠입니다. 나머지 문장은 중심 문장을 뒷받침하는 문장으로, ㉡과 ㉢은 미국에서 빠진 젖니를 다루는 방법을, ㉣은 코스타리카에서 빠진 젖니를 다루는 방법을 설명하고 있습니다.

2

✌ 이 글의 중심 문장은 ㉠ '물은 우리에게 여러 가지 도움을 줍니다.'입니다. 나머지 ㉡~㉣은 뒷받침 문장입니다.

어휘 놀이터

다음 그림을 보고, 빈칸에 들어갈 말을 맞춤법에 맞게 쓴 것을 골라 ○표 하세요.

새로 산 ( )가 푹신하다. — **베개**
그녀는 커다란 ( )를 자주 하고 다닌다. — **귀걸이**
아버지께서 ( )를 하신다. — **설거지**
여행을 떠나는 날이 ( )인지 확인했다. — **며칠**

1주 2일

1. ④   2. 현진
3. 플랑크톤   4. ②
5. 바닥, 헤엄   6. ⑤
7. ㉡   8. 물, 플랑크톤

1 ㉠은 중심 문장, ㉡~㉢은 뒷받침 문장입니다. 글쓴이의 중심 생각이 드러나는 문장은 '중심 문장'이므로, ④는 ㉣에 대한 설명으로 알맞지 않습니다.

4 맨눈으로 볼 수 없는 작은 생물까지 포함하면 자연적인 상태의 물이 있는 곳에는 어떤 형태로든 생물이 산다고 보아도 좋을 것이라고 하였습니다. 즉, 빗물이 고인 병 속에 아무 생물도 보이지 않는다면 이는 크기가 너무 작기 때문입니다.

5 3문단에서 물에 사는 생물들은 살아가는 모습에 따라서 크게 '바다 생활을 하는 생물,' '헤엄을 치는 생물,' '떠다니는 생물'로 나뉜다고 하였습니다.

6 4문단에서 플랑크톤은 운동 능력이 워낙 약해서 물의 흐름을 거슬러 이동할 수는 없다고 하였습니다.

7 2문단의 중심 내용은 '자연적인 상태의 물이 있는 곳에는 어떤 형태로든 생물이 산다고 보아도 좋을 것입니다.'입니다.

어휘 놀이터

다음 그림을 보고, 꾸며 주는 말을 보기에서 골라 빈칸에 알맞게 쓰세요.

보기: 가만히   넉넉히   빼곡히   황급히

아이들이 교실에 **가만히** 앉아 있다.
책장에 책이 **빼곡히** 꽂혀 있다.
사냥꾼을 발견한 토끼가 **황급히** 달아났다.
할머니께서는 김장 김치를 **넉넉히** 담가 나누어 주셨다.

1

1 ㉠
2 ㉣
3 봄, 꽃, 여름, 과일
4 ④
5 ④
6 ④
7 (선 연결 그림)
8 특성

1 가 문단의 중심 내용을 담은 중심 문장은 ㉠이고, 나머지 문장은 모두 뒷받침 문장입니다.

2 나 문단의 중심 문장은 ㉣이고, 나머지 문장은 모두 뒷받침 문장입니다.

4 1 문단에서 사람들은 먼 옛날부터 개를 길렀다고 하였으므로, ④는 알맞지 않습니다.

5 4 문단에서 개가 땅을 열심히 파헤치는 것은 땅속에 있는 두더지나 들쥐의 냄새를 맡았기 때문이라고 하였습니다.

6 5 문단에서 개는 집을 지키고 심부름을 하기도 한다고 하였으므로, ④는 알맞지 않습니다.

7 각 문단의 첫 번째 문장이 각 문단의 중심 내용을 담은 중심 문장입니다.

재미있는 어휘 놀이터

◑ 다음 그림을 보고, 문장에 어울리는 말을 골라 ◯표 하세요.

우리 집 강아지는 매우 (난폭하다, 온순하다).

지우는 머리가 매우 (소심하다, 영리하다).

민아는 성격이 밝고 (거만하다, 행활하다).

놀부는 부자이지만 나눔에 매우 (상냥하다, 인색하다).

---

1 (1) 중 (2) 뒷 (3) 뒷 (4) 뒷
2 (◯), ( )
3 ⑤
4 ③
5 ①
6 ③
7 행복한, 성장
8 키

2 뒷받침 문장은 중심 문장을 뒷받침하거나 예를 들어 자세히 설명하는 문장입니다.

3 5 문단의 중심 문장은 '긍정적인 생각을 하는 것도 키 성장을 돕는다.'입니다.

4 잠을 키 크는 보약이라고 빗대어서 표현한 것이지, 키 크는 보약이 키가 크는 데 영향을 주는 것은 아닙니다.

5 운동을 하면 성장판에 적당한 자극을 주며 뇌의 성장 호르몬 분비를 촉진한다고 하였습니다. 따라서 운동이 키에 미치는 영향으로 알맞은 것은 ①입니다.

6 성장 호르몬은 깨어 있을 때보다 깊이 잠들었을 때 많이 분비되므로, 하루에 7~8시간 정도의 깊은 잠을 자는 것이 좋다고 하였습니다. 즉, 충분히 잠을 자야 성장 호르몬이 나와 키가 큰다는 것을 알 수 있습니다.

재미있는 어휘 놀이터

◑ 다음 그림을 보고, 밑줄 친 낱말과 뜻이 비슷한 말을 찾아 선으로 이으세요.

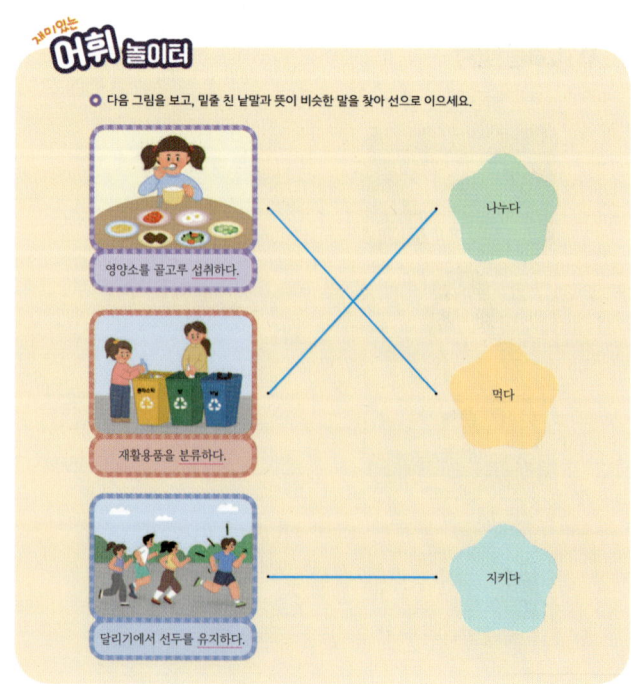

영양소를 골고루 섭취하다.

재활용품을 분류하다.

달리기에서 선두를 유지하다.

나누다

먹다

지키다

1 (1) ㅁ (2) ㄹ   **2** ④

3 ①   **4** ⑤

5 서민, 기와   **6** ③, ⑤

7 한옥

2 이 글은 한옥의 구조와 형태에 대하여 주로 설명하고 있습니다.

3 1문단은 각 지방마다 한옥의 구조가 어떻게 다른지 설명하고 있습니다. 따라서 ㉠~㉢ 중 중심 문장은 ㉠입니다.

4 북부 지방에서는 집을 낮게 지으면서 방을 두 줄이나 사각형으로 배열하여 집 안의 열기가 밖으로 빠져나가지 않도록 하였다고 했습니다.

5 보통 돈이 많고 지위가 높은 양반들은 기와집에 살았으며, 흙을 빚어 구운 기와를 얹어 지붕을 만들었다고 하였습니다. 반면 서민들은 초가집에 살았으며, 지방에 따라 볏짚이나 갈대, 띠를 활용하여 지붕을 만들었다고 하였습니다.

6 여름에 뜨거운 태양열을 막아 주는 것은 초가지붕이고, 기와집의 사랑채는 바깥주인이 지내며 손님을 맞는 곳입니다.

재미있는 **어휘 놀이터**

○ 기와집의 구조와 각각의 공간에 대한 설명을 읽고, 보기에서 그곳을 부르는 말을 찾아 쓰세요.

보기: 곳간   대문   뒷간   안채   사랑채   행랑채

2주 **글쓴이의 마음 짐작하기**

2주 1일

🌰 감사한

① ✊ 축하

✌ 사랑하다, 행복하다, 축하하다

🖐 (   ), (○)

② ✊ ④   ✌ 정우

①

✊ 손자인 시현이가 할아버지의 일흔세 번째 생신을 축하드리기 위해 쓴 편지글입니다.

✌ 글쓴이는 '축하드려요', '행복합니다', '사랑해요'와 같은 마음을 나타내는 말을 통해 자신의 마음을 표현하고 있습니다.

②

✊ 글쓴이는 즐거운 마음으로 대문을 열었다고 하였습니다.

재미있는 **어휘 놀이터**

○ 다음 그림을 보고, 흉내 내는 말을 보기에서 골라 빈칸에 알맞게 쓰세요.

보기: 뚝딱뚝딱   살랑살랑   싱숭생숭   옹기종기

강아지가 꼬리를 살랑살랑 흔든다.

김치볶음밥을 뚝딱뚝딱 만들었다.

친구가 전학을 가서 싱숭생숭 허전하다.

아이들이 옹기종기 모여 앉아 공기놀이를 한다.

1 할머니　　　2 ④

3 ╳ (선 연결)　　　4 수아

5 ①　　　6 ④

7 ⑤　　　8 당황스러운, 신나는

9 배려 깊은

---

1 편지를 쓴 사람은 민서이고, 받는 사람은 할머니입니다.

2 ㉣에서 할머니가 더 보고 싶어졌다는 마음을 직접적으로 표현하였습니다.

4 게시판의 '글쓴이'란을 통해 이 글을 쓴 사람은 수아임을 알 수 있습니다.

5 수아는 정연이에게 고마운 마음을 전하기 위해 칭찬하는 글을 올렸다고 하였습니다.

6 정연이는 수아의 바지에 묻은 오렌지 주스 얼룩을 가려 주기 위하여 자신의 외투를 벗어 덮어 주었습니다.

7 ㉤에서 수아의 마음은 부끄러운 마음이나 당황스러운 마음이 알맞습니다.

● 다음 그림을 보고, 밑줄 친 관용 표현의 알맞은 뜻을 찾아 선으로 이으세요.

친구의 시험 합격 소식에 배가 아프다. — 남이 잘되어 심술이 나다.

하루 종일 아무것도 먹지 못해 배가 등에 붙다. — 먹은 것이 없어서 배가 홀쭉하고 몹시 허기지다.

원님이 백성들의 재산을 빼앗아 자기 배를 불리다. — 재물이나 이득을 많이 차지하여 개인의 이익과 욕심을 채우다.

---

1 ④　　　2 ②

3 ②　　　4 그리운

5 ⑤

6 (1) 걱정하는 → 안심하는
　(2) 긴장하는 → 자랑스러운

7 인도, 아버지

---

1 짝은 깜빡 잊고 붓을 챙겨 오지 못해 걱정스러운 얼굴로 있었으나, '나'가 가지고 있던 붓을 빌려주자 밝은 표정으로 고맙다는 인사를 전했다고 하였습니다. 따라서 ㉮에는 걱정되는 마음이, ㉯에는 고마운 마음이 들어가는 것이 알맞습니다.

2 '나'는 짝에게 고맙다는 인사를 들었으며, 글씨도 보기 좋게 잘 써졌다고 하였으므로 ㉠에는 긍정적인 마음이 제시되어야 합니다. 따라서 '뿌듯하다'가 알맞습니다.

3 보내는 사람에 나타나 있는 '인도에서 승연이를 사랑하는 아버지가'를 통해 글쓴이는 인도에 있다는 것을 알 수 있습니다.

5 글쓴이는 출장을 온 인도가 처음에는 낯설고 어색하기만 했는데 지금은 큰 불편 없이 잘 지내고 있다고 하였습니다. 따라서 ⑤의 설명은 알맞지 않습니다.

● 다음 그림을 보고, 밑줄 친 말의 높임 표현을 찾아 ○표 하세요.

할아버지께서는 나이가 많으시다. (연세) / 연하

할머니께서 밥을 드시다. 진수 / (진지)

삼촌께서 내 방에 누워 낮잠을 자다. 주무르다 / (주무시다)

선생님께서 다리를 다쳐서 몇 주째 아프다. (편찮으시다) / 편하시다

2주 4일

1 ①　　　　**2** ☐☐◯

3 ④

4 (1) 실망스러운 마음　(2) 부끄러운 마음

5 ⑤　　　　**6** 부끄러움

1 '나'는 학원에 가는 길에 만 원짜리 돈을 발견했다고 하였습니다.

2 '나'는 돈을 발견한 후, 처음에는 블록을 사서 친구의 코를 납작하게 해 줄 생각에 행복했다고 하였습니다. 그러나 곧 나쁜 짓이라는 생각이 들었고, 경찰 아저씨가 잡으러 올 것만 같아 두려워졌고, 곧장 경찰서를 찾아가 경찰 아저씨께 돈의 주인을 찾아 달라고 말씀드린 후 옳은 선택을 한 자신이 자랑스러웠다고 했습니다. 따라서 '나'의 마음 변화로 알맞은 것은 '행복함. → 두려움. → 자랑스러움.'입니다.

3 ㉠에는 실망한 마음이, ㉡과 ㉢에는 원망스러움과 서운함이, ㉤에는 부끄러운 마음이 드러납니다. 그러나 ㉣에는 아버지와 '나'의 행동만 서술되어 있습니다.

5 옥수수 파는 할머니께서는 아버지가 고쳐서 드린 세탁기 덕분에 편해졌다며 감사 인사를 하셨습니다. '나'는 이 말을 듣고 버려질 뻔한 물건들을 고치면 다시 쓸 수 있다는 것을 깨닫게 되었습니다.

2주 5일

1 ⑤　　　　**2** ⑤

3 ②　　　　**4** ③

5 (1) 화남　(2) 서운함　(3) 짜증 남

6 (　), (◯), (　)　**7** 죄송함과 고마움

2 점심을 먹고 나서 사과를 열심히 딴 '나'에게 오빠는 잘했다고 칭찬해 주었습니다.

4 '단짝 친구 소은이가 나를 불렀다.'에는 마음을 나타내는 말이 드러나 있지 않습니다.

5 (1)은 동생이 물건을 마음대로 가지고 간 것을 알게 된 후의 질문이므로 화남이 알맞습니다. (2)는 어머니께 이미 화가 나 있는 민서가 어머니의 말씀에 대답하지 않은 것이므로 서운함이 알맞습니다. (3)은 학교에 오기 전 어머니께 화를 내어 기분이 좋지 않은데, 짝은 물감을 새로 샀다며 자랑을 하는 모습에 짜증이 났다고 하였으므로 짜증 남이 알맞습니다.

6 민서는 어머니의 말씀에 대꾸도 하지 않고 학교에 왔는데, 어머니께서는 출근하느라 바쁘신데도 학교까지 오셔서 물감을 주고 가신 것을 알게 되어 어머니께 죄송함과 감사함을 느끼고 있습니다.

재미있는 **어휘** 놀이터

◆ 다음 그림을 보고, 꾸며 주는 말을 보기에서 골라 빈칸에 알맞게 쓰세요.

보기　새　순　옛　헌

엄마께서는 **새** 자전거를 구입하셨다.

헌 옷을 재사용 가게에 기부하였다.

이 식용유는 **순** 콩으로만 만들었다.

할아버지께서는 **옛** 사진을 보고 계셨다.

재미있는 **어휘** 놀이터

◆ '들다'는 뜻이 여러 가지인 말입니다. 밑줄 친 '들다'의 알맞은 뜻을 골라 빈칸에 번호를 쓰세요.

들다　① 밖에서 안으로 가거나 오다.
　② 색깔, 맛, 물기 등이 스미거나 배다.
　③ 남을 위해 어떤 일을 하다.

엄마가 동생 편을 **들다**.
→ (　③　)

산책을 하러 숲길에 **들다**.
→ (　①　)

은행나무에 샛노란 단풍이 **들다**.
→ (　②　)

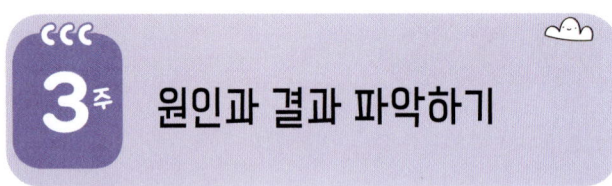

3주 원인과 결과 파악하기

3주 1일

🌰 물, 소금

❶ ✌️ 방귀, 집   ✌️ (○), (   ), (   )

     ✌️ (1) ○ (2) ○

❷ ✌️ 뒷산   ✌️ (X), (○), (○)

     ✌️ ②

❶

✌️ 방귀쟁이 며느리는 방귀를 뀌지 못했기 때문에(원인) 병이 난 것입니다(결과).

❷

✌️ 원인과 결과로 이어지는 문장은 주로 '그래서'와 '왜냐하면'와 같은 이어 주는 말을 사용합니다.

3주 2일

1 금덩이   **2** (2) ○

3 ☐ ○ ☐   **4** 신랑감

5 ⑤   **6** 원인, 원인, 결과

7 ③   **8** 신랑감

2 아우는 금덩이 하나를 형님께 드리고 나니 자꾸 형님을 미워하는 마음이 생겼다고 하였습니다. 즉, 형님에게 나누어 준 금덩이가 탐이 나서 형님이 미워졌다는 것을 추측할 수 있습니다.

3 형님은 아우의 말을 듣고 자신도 가지고 있던 금덩이를 꺼내어 강물에 던져 버렸습니다.

5 신하들은 공주의 병을 고치는 데 가장 큰 공을 세운 사람이 누구인지 까닭을 들어 삼 형제 중 누구를 신랑감으로 골라야 하는지 의견을 말하고 있습니다.

6 '왜냐하면'은 결과와 원인을 이어 주는 말이고, '그러니까'는 원인과 결과를 이어 주는 말입니다.

7 임금님은 세 신하의 말을 모두 들은 후, 삼 형제를 각각 사위로 삼아야 하는 까닭이 타당하여서 누구를 사위로 삼아야 할지 고민에 빠졌습니다.

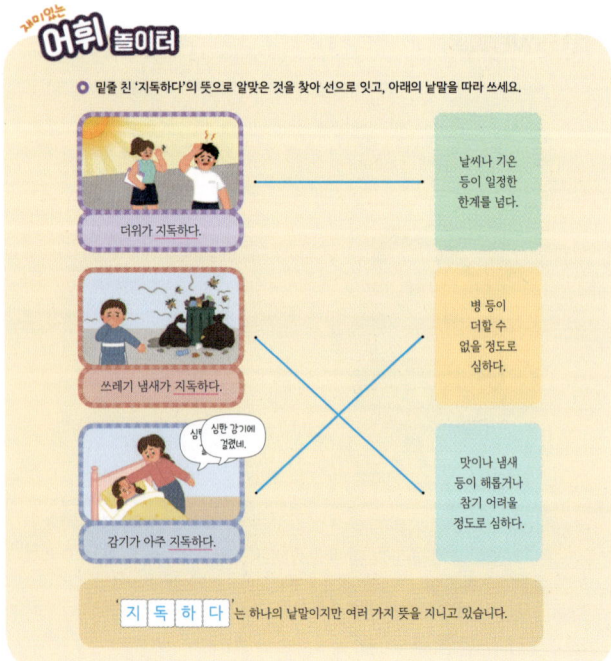

1 원인: ㉠ 결과: ㉡ **2** ③

3 ( ), (○), ( ) **4** ④

5 ☐ ○ **6** 늦잠, 수영모, 빌려

2 준서는 휴대 전화 게임을 하느라 어머니의 말씀을 주의 깊게 듣지 않고 건성으로 대답하였습니다.

3 준서는 늦잠을 자서 헐레벌떡 학교에 가는 바람에, 준비를 급하게 해서 어머니가 챙겨 가라고 말씀하셨던 수영모를 놓고 학교에 갔습니다.

4 준서는 수영 실기 수업을 가기 전날 무척 기대가 되었습니다. 휴대 전화 게임을 하다가 늦잠을 자는 바람에 준비물을 못 챙겨 간 준서는 걱정이 되었지만, 영준이가 수영모를 빌려주어서 고마웠습니다.

5 수영모를 빌려준 영준이 덕분에 신나게 수영을 한 준서는 준비물을 꼼꼼히 챙겨야겠다고 생각하였습니다. 즉, 준서는 앞으로 준비물을 꼼꼼히 챙겨야겠다는 깨달음을 얻었으므로, 준비물을 잘 챙기겠다고 다짐하는 내용이 알맞습니다.

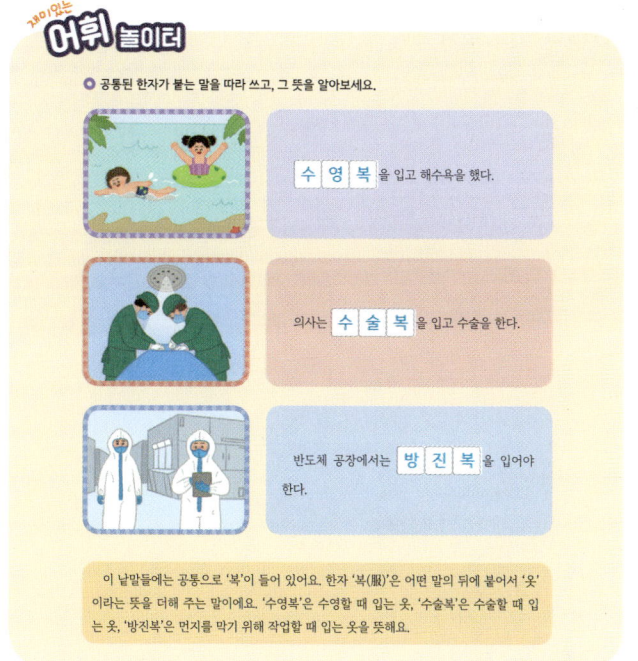

재미있는 **어휘 놀이터**

◉ 공통된 한자가 붙는 말을 따라 쓰고, 그 뜻을 알아보세요.

수 영 복 을 입고 해수욕을 했다.

의사는 수 술 복 을 입고 수술을 한다.

반도체 공장에서는 방 진 복 을 입어야 한다.

이 낱말들에는 공통으로 '복'이 들어 있어요. 한자 '복(服)'은 어떤 말의 뒤에 붙어서 '옷'이라는 뜻을 더해 주는 말이에요. '수영복'은 수영할 때 입는 옷, '수술복'은 수술할 때 입는 옷, '방진복'은 먼지를 막기 위해 작업할 때 입는 옷을 뜻해요.

1 ( ), (○), ( ) **2** (3) ○

3 ☐ ☐ ○ **4** 누리

5 ② **6** (3) ○

7 약속, 어린아이들

2 황희는 늘 검소한 생활을 하였다고 했습니다. 그러나 아들인 황치신은 그동안 모은 돈으로 새로 집을 짓고 잔치까지 벌였으므로, 이 모습을 본 황희는 검소하게 생활하지 않는 아들의 모습에 실망하였을 것입니다.

3 사나이가 부는 피리는 소리가 몹시 아름다울 뿐만 아니라, 듣는 이의 마음을 움직이는 힘을 가지고 있습니다.

5 마을 사람들은 피리 부는 사나이에게 쥐 떼를 없애면 큰돈을 주겠다고 약속하였습니다. 그래서 그는 피리를 불어 쥐 떼를 강물로 꾀어냈고, 쥐들은 모두 강물 속으로 사라졌습니다. 그러나 마을에는 사나이에게 약속한 만큼의 돈이 없었습니다. 즉, 사나이는 마을 사람들이 약속을 지키지 않아서 화가 난 것입니다.

6 마을 사람들이 약속을 지키지 않자 화가 난 사나이는 피리를 불었고, 이 소리를 들은 마을의 모든 어린아이들이 피리 부는 사나이의 피리 소리를 따라 어디론가 사라져 버렸다고 하였습니다.

재미있는 **어휘 놀이터**

◉ 다음 그림을 보고, 문장에 어울리는 말을 골라 ○표 하세요.

양 (때, 떼)가 풀을 뜯고 있다.

옷에 (때) 떼)가 잔뜩 묻었다.

빠른 (거름, 걸음)으로 걸어왔다.

농부가 밭에 (거름) 걸음)을 주고 있다.

1 원인, 결과　　　　**2** ①

3 ③　　　　　　　**4** 한 뼘

5 ③　　　　　　　**6** (1) ○

7 효심

---

1 '그래서'는 '원인'과 '결과'로 이어 주는 말입니다. 따라서 '그래서' 앞의 문장인 '거북은 재빨리 다리를 흔들었지만, 다리를 움직여서는 날 수가 없었습니다.'는 원인이고, '그래서' 뒤의 문장인 '거북은 그만 땅에 떨어지고 말았습니다.'는 결과입니다.

2 이 글의 등장인물은 김 선비와 이 선비, 그리고 이 선비의 세 딸입니다.

3 김 선비는 이 선비가 무릎이 다 드러나는 바지를 입고도 허허 웃는 것을 보고 이상하다고 생각하였습니다.

4 이 선비는 세 딸이 모여 있는 방 밖에서 헛기침을 하며 바지를 한 뼘만 줄여 달라고 이야기하였습니다.

5 세 딸이 이 선비의 바지를 한 뼘씩 줄여서(원인) 이 선비의 바지가 아주 짧아진 것입니다(결과). 이때 사용할 수 있는 이어 주는 말은 원인에 대한 결과를 나타내는 '그래서'입니다. ①의 또는, ②의 한편, ④의 그러나, ⑤의 하지만은 모두 문장과 문장의 내용을 연결하여 주는 이어 주는 말입니다. '한편'은 이야기를 전환할 때, '그러나'와 '하지만'은 앞의 문장과 서로 반대되는 문장이 이어질 때 사용합니다.

6 이 선비는 자신의 말을 경청하고, 공경의 마음을 담아 바지를 줄여 준 딸들에게 고마움을 느끼고 있습니다. 또한 이 이야기를 들은 김 선비가 어떤 마음이 들었는지 구체적으로 드러나지는 않지만, 마지막에 김 선비가 고개를 끄덕이며 집으로 갔다는 구절이나 이 선비의 이야기가 화목한 가정을 의미한다는 것을 토대로 이 선비를 부러워했을 것이라고 유추할 수 있습니다.

○ 다음 그림을 보고, '헛-'이 들어간 말을 따라 쓰세요.

> 연설을 하기 전에 **헛 기 침** 을 하며 목을 가다듬었다.

> 학교에 귀신이 살고 있다는 **헛 소 문** 이 학생들 사이에 떠돌았다.

> 기차를 놓치지 않으려고 있는 힘껏 뛰었지만 **헛 수 고** 였다.

'헛-'은 어떤 말의 앞에 붙어서 뜻을 더하여 새로운 낱말을 만드는 말들 중 하나로, '이유 없는', '보람 없는'의 뜻을 더하는 말입니다.

'헛기침'은 '사람이 있다는 것을 알리거나 목청을 가다듬기 위해 일부러 기침함. 또는 그렇게 하는 기침.'이라는 뜻, '헛소문'은 '사람들 사이에 널리 퍼진 근거 없는 말.'이라는 뜻, '헛수고'는 '실속이나 보람도 없이 애를 씀. 또는 그런 수고.'라는 뜻을 각각 가지고 있습니다.

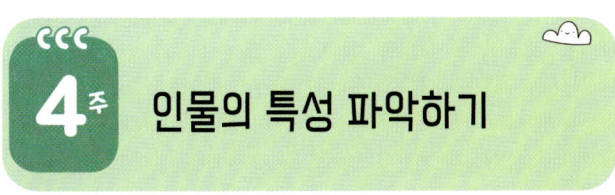

4주 인물의 특성 파악하기

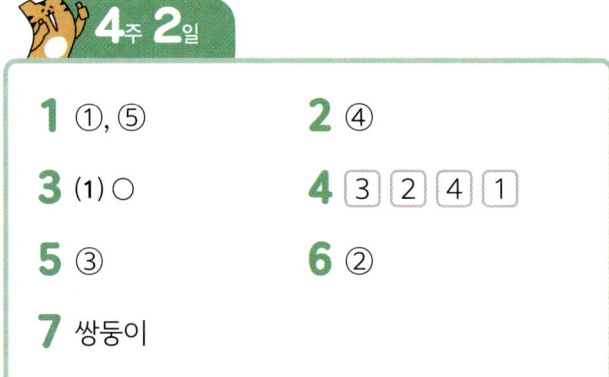

4주 1일

🌰 성우

---

❶ ✌ 아버지, 아이들 ✌ ④

✌ ④

---

❷ ✌ (3) ○ ✌ ③

✌ (   ), (○)

❶

✌ 형제간에 싸우지 말고 우애 있게 지내야 한다는 것을 나뭇가지에 빗대어 말하였습니다.

❷

✌ 어느 누구도 불을 가져오겠다고 나서는 이가 없었지만, 불개는 임금님 앞에 나서서 자신이 불을 구해 오겠으니 보내 달라고 요청하였습니다. 이를 통해 불개는 용감한 성격임을 알 수 있습니다.

1 선비는 가난한 처지이지만 친구 아들이 장가를 간다는 소식에 달걀 열두 개와 진심이 담긴 축하 편지를 써서 전달하였으며, 이를 받은 친구인 신랑 아버지는 선비의 마음을 값지게 여기며 무척 기뻐하였습니다.

2 이 이야기에 할아버지는 등장하지 않았습니다.

3 산에서 무서운 호랑이를 만난 돌이는 호랑이를 보고 형님이라고 속여 위험에서 벗어날 수 있었습니다.

5 돌이가 "아이고, 형님 아니십니까? 이제야 만났군요." 하며 절을 하였더니, 호랑이는 "그게 무슨 소리냐? 나를 보고 형님이라니?"라고 놀라며 답하고 있습니다. 따라서 돌이와 자신이 쌍둥이였다는 말을 들은 호랑이는 놀라고 당황스러웠을 것입니다.

6 호랑이는 돌이 어머니가 돌아가실 때까지 아침마다 고기를 가져다주는 효도를 하였습니다.

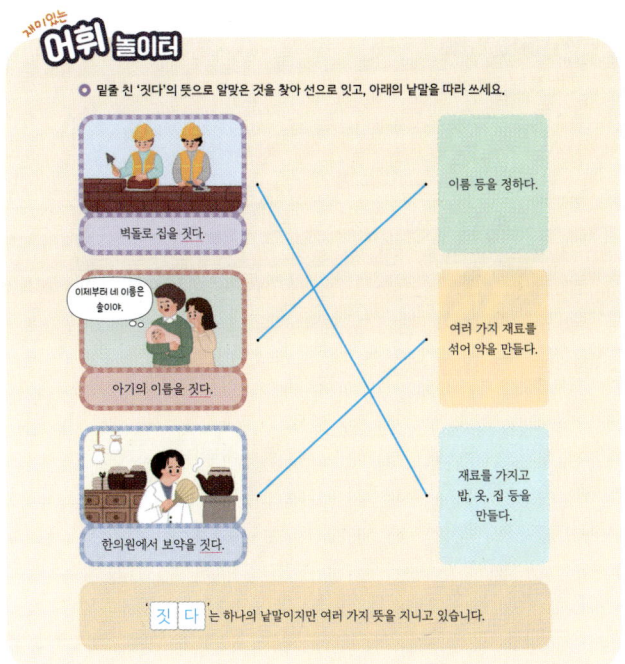

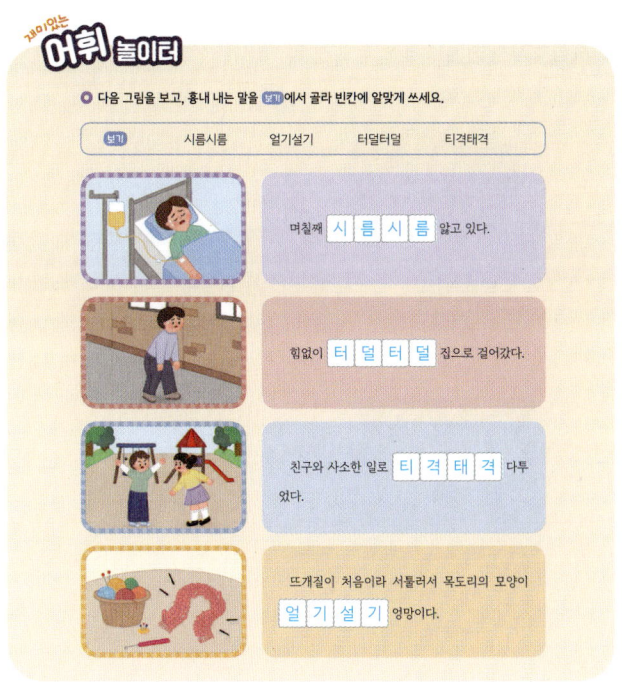

1 ⑤ **2** ◯ □

3 ③ **4** ④

5 마을 청년들, 고목의 신령(낯선 청년)

6 1 - 3 - 2 **7** 은혜, 풍작

1 아들은 자신이 소가 된 것이 꿈이었음을 깨달은 후, 앞으로 게으름을 부리지 않고 열심히 살아야겠다고 다짐하였습니다.

3 마을 청년들은 마을에 엄청난 추위가 들이닥치자, 이를 견디다 못해 마을 한가운데에 있는 고목을 베어 땔감으로 쓰려고 하였습니다.

4 노인은 청년들에게 오랫동안 마을을 지켜 온 고목을 함부로 베면 안 된다고 하였습니다.

5 노인은 고목을 베어 땔감으로 쓰겠다는 마을 청년들의 의견에 반대하였고, 이듬해 봄이 되자 고목의 신령인 낯선 청년은 그 은혜를 갚기 위하여 농사를 도와주었습니다. 이를 통해 마을 청년들과 노인은 서로 의견이 다른 대립되는 관계이며, 노인과 고목의 신령은 서로 도와주는 우호적인 관계임을 알 수 있습니다.

1 ④ **2** 윤서

3 ④ **4** ④

5 □ □ ◯

6 ㉠ 세종 대왕 ㉡ 장영실

7 ①, ②, ⑤ **8** 장영실, 신분

1 문지기와 같은 낮은 자리에서 독립한 나라를 위하는 일을 하겠다는 김구 선생의 말로 보아, 우직하고 충성스러운 성격의 인물임을 알 수 있습니다.

3 장영실은 천한 종의 신분이었지만, 작은 일에도 호기심을 가지고 노력하였고 높은 벼슬자리에도 올랐습니다.

4 장영실이 살았던 조선 시대는 신분제 사회로, 양반이 아니면 벼슬을 하기 어려웠습니다.

5 장영실은 세종 대왕의 특별한 보살핌 아래 계속해서 천재성을 키워 나갈 수 있었습니다.

7 장영실은 해시계와 물시계를 만들었으며, 별들의 움직임을 살펴보는 기구를 만들고 금속 활자를 개량하였다고 했습니다. 또한 서양보다 200년 앞서 비가 오는 양을 재는 기구인 측우기를 만들었다고 하였습니다.

4주 5일

1 태훈	**2** ③
3 엽전	**4** ⑤
5 게으름을 부리며, 성실하게	

1 스님은 제자의 잘못을 찻잔에 물이 넘치는 상황에 비유하여 깨달음을 주고 있습니다. 따라서 스님은 현명하고 지혜로운 인물입니다. 제자는 스님의 말을 듣고 부끄러움을 느끼며 당황하였기 때문에, 태훈이의 말은 알맞지 않습니다.

2 주인마님은 덕쇠와 만덕이에게 신분의 자유를 주기 전에 마지막으로 한 가지 일을 더 부탁한다며, 짚을 줄 테니 최대한 가늘고 길게 새끼줄을 꼬아 달라고 했습니다.

3 주인마님은 두 노비를 창고로 데리고 간 후, 각자 꼬아서 가져온 새끼줄에 엽전을 꿰어 가라고 하였습니다.

4 불만이 많고 게으른 덕쇠는 새끼줄을 허술하게 꼬아 결국 새끼줄에 엽전을 꿰지 못했습니다. 반면 감사할 줄 알고 성실한 만덕이는 얇고 긴 새끼줄을 튼튼하게 꼬아 엽전을 많이 꿰어 갔습니다. 따라서 준호의 말은 알맞지 않습니다.

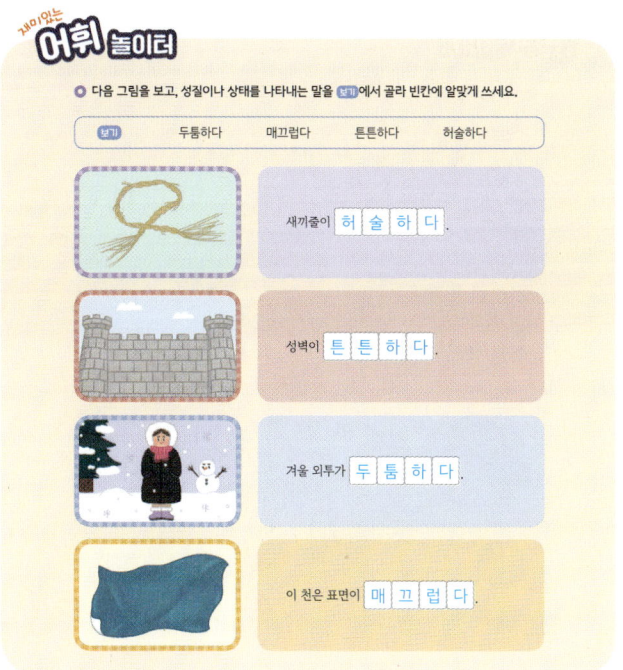

재미있는 **어휘** 놀이터

◎ 다음 그림을 보고, 성질이나 상태를 나타내는 말을 보기에서 골라 빈칸에 알맞게 쓰세요.

보기	두툼하다	매끄럽다	튼튼하다	허술하다

새끼줄이 허술하다.

성벽이 튼튼하다.

겨울 외투가 두툼하다.

이 천은 표면이 매끄럽다.

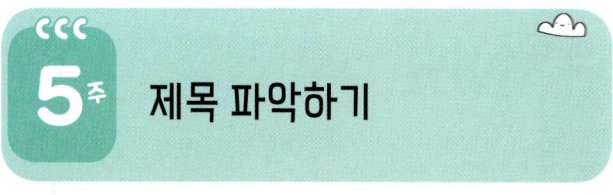

5주 제목 파악하기

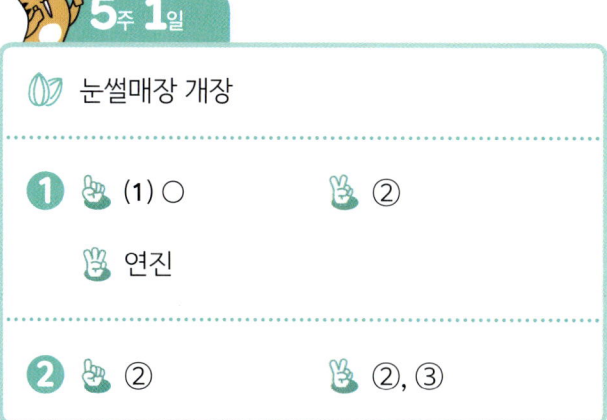

5주 1일

🌰 눈썰매장 개장

❶ ✌ (1) ○	🖐 ②
🖐 연진	
❷ ✌ ②	🖐 ②, ③

❶

🖐 글의 중심 내용을 잘 드러낼 수 있도록 글의 제목을 정해야 합니다. 이 글의 중심 내용은 들꽃을 꺾으면 안 된다는 것이므로, 제목으로 가장 알맞은 것은 ②입니다.

❷

🖐 토끼는 꾀를 내어 위기에서 벗어났고, 호랑이는 토끼의 꾀에 넘어가 꼬리를 얼음 구멍에 담갔다가 동상에 걸리고 말았습니다. 따라서 인물의 특성을 고려할 때 알맞은 제목은 ②입니다. 또한 호랑이가 온몸이 꽁꽁 얼어붙어 동상에 걸린 사건을 고려할 때 알맞은 제목은 ③입니다.

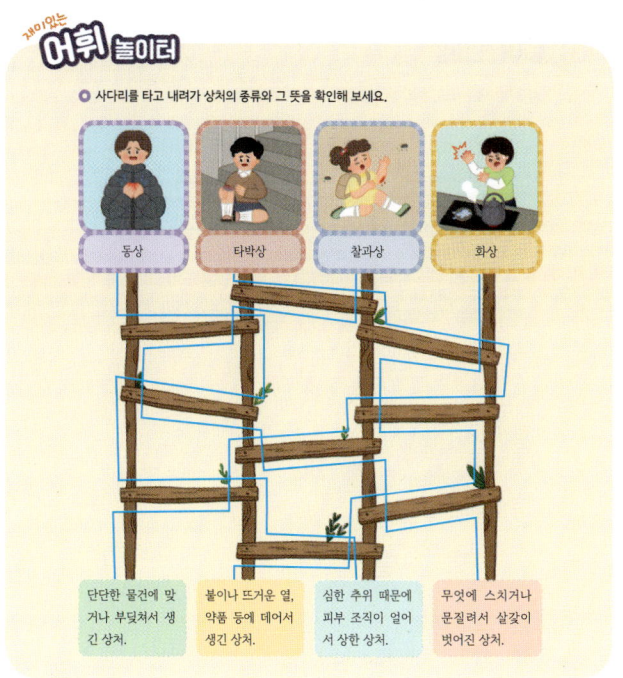

재미있는 **어휘** 놀이터

◎ 사다리를 타고 내려가 상처의 종류와 그 뜻을 확인해 보세요.

동상 | 타박상 | 찰과상 | 화상

단단한 물건에 맞거나 부딪쳐서 생긴 상처.

불이나 뜨거운 열, 약품 등에 데어서 생긴 상처.

심한 추위 때문에 피부 조직이 얼어서 상한 상처.

무엇에 스치거나 문질러서 살갗이 벗어진 상처.

1 (2) ○   **2** ⑤

3 ⑤   **4** ①

5 ⑤   **6** (1) 수나무 (2) 암나무

7 ⑤   **8** 은행나무, 구별

2 주장하는 글은 대개 글쓴이의 주장을 제목으로 붙입니다. 따라서 이 글의 제목은 '말하는 시시 티브이에 장난을 치지 말자'가 알맞습니다.

4 동물은 암컷과 수컷으로, 은행나무는 암나무나 수나무로 나눌 수 있다고 하였습니다.

5 은행나무의 열매인 은행은 암나무에서 열리고, 수나무에서는 열리지 않는다고 하였습니다.

6 은행나무의 암수를 구분하는 가장 확실한 방법은 꽃을 보고 구별하는 것으로, 줄기에 포도알처럼 꽃이 조롱조롱 달려 있으면 수나무이고, 곤충의 눈처럼 양옆으로 동그란 꽃이 달려 있으면 암나무라고 하였습니다. 따라서 (1)은 수나무이고, (2)는 암나무입니다.

7 이 글은 은행나무의 암수를 구별하는 방법으로 암나무와 수나무의 특징을 설명하고 있습니다.

1 ④   **2** ⑤

3 ②   **4** ○ □

5 ③   **6** 친절, 좋은 점, 베풀

1 글의 제목에는 보통 중심 내용이 담겨 있습니다. 따라서 이 글의 중심 내용은 '동물들이 소리를 내는 방식은 다양하다.'가 알맞습니다.

2 ㉠의 뒷부분에서 이웃에게 관심을 가지면 더욱 돈독하게 지낼 수 있다고 하였으므로 ㉠에 들어갈 내용은 ⑤가 알맞습니다.

3 마을 사람들의 손가락질을 받던 소년이 친절한 아주머니의 말씀에 용기를 얻고 노력하여 훌륭한 사람이 되었다는 예를 들어 친절한 사람은 이웃에게 희망과 용기를 불어넣어 준다는 근거를 뒷받침하였습니다.

4 이웃에게 친절을 베푼 친구는 성민이입니다.

5 주장하는 글의 제목은 글쓴이의 주장이 잘 드러나는 것으로 붙이는 것이 좋습니다. 친절을 베풀 수 있도록 노력하자는 것이 글쓴이의 주장이므로 ③ '친절을 베푸는 사람이 되자'가 이 글의 제목으로 알맞습니다.

5주 4일

1 ( ), (○), ( ) 2 승아
3 ④ 4 ④
5 ③ 6 ③
7 ③ 8 무중력, 우주, 음식

1 이 뉴스에서는 물을 절약하는 다양한 방법을 소개하고 있으므로, '물을 아끼는 여러 가지 방법'이 제목으로 알맞습니다.

3 우주에서 음식을 제대로 먹기 위해서는 음식을 서서히 입으로 가져가야 한다고 하였습니다.

4 우주에서는 물을 마실 때 팩에 담긴 것을 빨대로 마셔야 한다고 하였습니다. 이때 빨대는 빨아들인 물이 다시 내려가지 않도록 만들어진 특수 빨대라고 하였습니다.

5 우주에서 먹는 음식은 통조림에 들어 있거나 포장되어 있기 때문에 많은 공간을 차지하지 않는다고 하였습니다.

6 ㉠ '격식'은 '사회적 모임 등에서 수준이나 분위기에 맞는 일정한 방식.', ㉡ '특수'는 '보통과 매우 차이가 나게 다름.' ㉣ '즉석'은 '자리에서 바로 할 수 있는 일.', ㉤ '냉동'은 '생선이나 고기 등을 상하지 않도록 보관하기 위해 얼림.'의 뜻입니다.

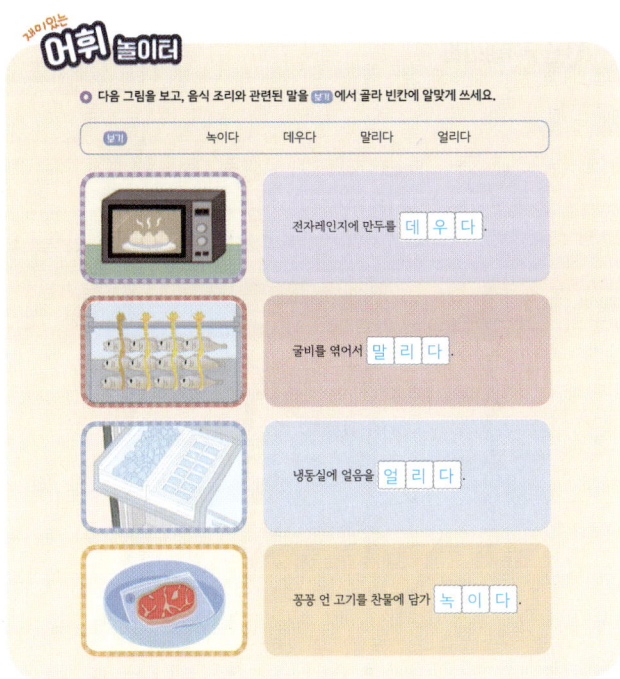

재미있는 **어휘 놀이터**

● 다음 그림을 보고, 음식 조리와 관련된 말을 보기 에서 골라 빈칸에 알맞게 쓰세요.

보기 녹이다 데우다 말리다 얼리다

전자레인지에 만두를 데 우 다 .

굴비를 엮어서 말 리 다 .

냉동실에 얼음을 얼 리 다 .

꽁꽁 언 고기를 찬물에 담가 녹 이 다 .

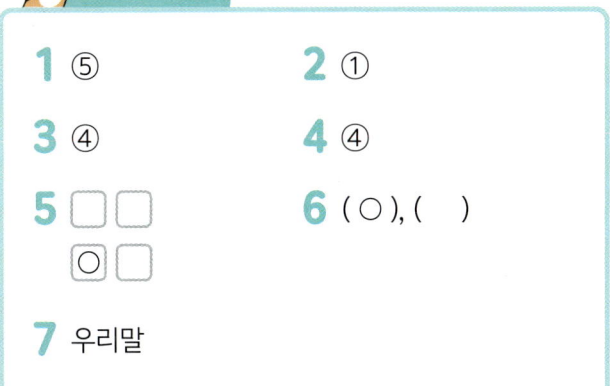

5주 5일

1 ⑤ 2 ①
3 ④ 4 ④
5 □□ □ 6 (○), ( )
   □
7 우리말

1 이 광고에서는 공해를 줄이고 교통난 해소를 위해 가까운 거리를 이동할 때는 자전거를 이용하자고 말하고 있습니다.

2 글쓴이는 무분별하게 외국 말을 사용하는 상황을 문제라고 생각하고 있습니다.

4 우리말을 지키고 아름답게 가꾸어 나가자는 의견을 뒷받침하는 까닭은 ①, ②, ③, ⑤입니다.

5 글쓴이는 굳이 외국 말을 사용하지 않아도 순수한 우리말로 얼마든지 나타낼 수 있다고 하였습니다. 따라서 글쓴이가 가장 알맞게 생각하는 우리말을 사용하는 모습으로는 '오늘 우리 집에 손님이 오셔서 집을 아주 깨끗하게 치워 두었어.'입니다. 나머지 예시에는 '아이돌 그룹의 멤버, 핸섬하고 큐트해', '브랜드의 슈즈, 해피한 하루였어', '리얼해서' 등의 외국 말이 쓰였으므로 알맞지 않습니다.

재미있는 **어휘 놀이터**

● 보기 를 보고, 밑줄 친 낱말의 종류를 구분하여 ○표 하세요.

보기 · 고유어: 우리 고유의 말로 본디부터 있던 말. 예 나무
    · 외국어: 외국에서 들어온 말로, 아직 우리말이 아닌 말. 예 밀크
    · 외래어: 다른 나라의 말이 우리말에 들어와 우리말처럼 쓰이게 된 말. 예 컴퓨터

초콜릿 우유를 먹어야겠다! 고유어 외국어 ⟨외래어⟩

모형이 정말 리얼하다. 고유어 ⟨외국어⟩ 외래어

하늘이 참 맑다. ⟨고유어⟩ 외국어 외래어

6주 설명하는 대상의 특징 알기

6주 1일

🌰 대륙

1 ✌️ ④   ✌️ ②

2 ✌️ (1) ○

✌️ 초식 동물: 소, 노루, 토끼
육식 동물: 뱀, 독수리, 호랑이
잡식 동물: 쥐, 돼지

✌️ ⑤

❶

✌️ 비가 온 뒤에 가끔 무지개가 뜨는 것을 볼 수 있다고 하였
습니다.

❷

✌️ 초식 동물 중 하나인 물벼룩은 녹색말을 먹고 산다고 하였
습니다.

6주 2일

1 대문   **2** ④

3 ☐ ☐ ○   **4** ⑤

5 ㉢   **6** ④

7 ③   **8**

9 백일홍

2 제주도 전통 가옥의 담은 낮고 겉으로 보기에 허술해 보
이지만 제주도의 강한 바람을 잘 막아 준다고 하였습니다.

3 제주도 전통 가옥은 입구에 돌을 세우고 나무를 걸쳐 놓
아 주인이 돌아오는 시기를 알린다고 했는데, 세 개를 걸
쳐 놓으면 저녁 무렵이나 며칠 뒤에 돌아온다는 표시라고
하였습니다.

6 백일홍은 줄기와 가지 끝에서 한 송이씩 피어난다고 하였
습니다.

7 백일홍은 화려하지 않고 가뭄이나 더위에도 끄떡없이 꽃
을 피우며, 여름철에 가꾸기 좋은 꽃이라고 하였습니다.

6주 3일

1 희원

2 ③

3 ☐ ☐ ○

4 ④

5 ③

6 시기

7 ③

8 토굴 새우젓

2 태권도의 기술은 크게 품새와 겨루기로 나눌 수 있습니다. 품새는 공격과 방어의 기본 기술을 연결한 연속 동작이고, 겨루기는 품새로 익힌 기술을 두 사람이 겨루어 보는 것입니다.

3 이 글은 설명하는 글로, 설명하는 대상과 내용을 파악하고 새로 알게 된 내용이 무엇인지 생각하며 읽습니다.

4 이 글에서 새우젓으로 만든 요리는 설명하고 있지 않습니다.

5 늦가을에 잡은 새우로 만든 것을 '자젓'이라고 한다고 했습니다.

6 새우를 잡은 시기에 따라 새우젓의 이름이 달라진다고 했습니다.

7 여러 지방에서 잡은 새우를 젓으로 담가 광천 지방의 토굴에 보관하며 삭히는 것이 토굴 새우젓입니다.

6주 4일

1 (1) ○ (2) X (3) ○ (4) X

2 다영

3 ⑤

4 ④

5 동물, 식물

6 복, 악귀

7 쓰임새, 소재

1 오징어와 문어는 적에게 위협을 받으면 먹물을 뿜어내는데, 이는 시각을 흐리기보다는 후각을 무디게 하는 역할을 한다고 하였습니다. 그리고 문어는 몸의 색을 바꿀 수 있어서 오징어보다 적으로부터 자신을 지키기에 더 유리하다고 하였습니다.

2 오징어는 긴 촉수를 이용해 먹이를 잡고, 문어는 다리로 먹이를 감듯이 잡아먹는다고 하였습니다. 그러므로 은재의 설명은 알맞지 않습니다.

3 선비들이 그려 격조가 높으며 오래 두고 감상하는 그림은 산수화 등을 말합니다. 민화는 생활에 필요한 실용적인 그림입니다.

5 '호랑이, 까치' 등은 '동물'에 포함되는 낱말이고, '소나무, 대나무' 등은 '식물'에 포함되는 낱말입니다.

1 ④　　　**2** ④

3 정월 초하루, 대보름　　**4** ③

5 (선 잇기)　　**6** 연날리기

1 이 글은 두루미에 대하여 설명하고 있습니다.

2 두루미는 학이라고도 하는데 옛날 우리 조상은 학이라는 이름을 더 많이 사용했다고 하였습니다.

3 연은 주로 정월 초하루부터 대보름까지 날린다고 하였습니다.

4 연날리기에 사용되는 연의 모양은 민족과 나라마다 다르다고 하였습니다(③). 대보름에는 연을 하늘로 멀리 날려 보냈는데, 이는 나쁜 것을 보내고 복을 맞아들인다는 뜻에서 행한 것이라고 하였습니다(①). 연을 만드는 데에는 대와 종이가 필요하다고 하였습니다(②). 연줄에 부레뜸이나 풀뜸을 할 때에 사금파리나 유리를 빻은 가루 등을 풀에 개어서 실에 올리기도 하는 것을 '개미 먹인다'라고 하는데, 이렇게 개미를 먹인 연줄은 연싸움할 때 매우 유리하다고 하였습니다(④). 연은 종이에다가 대쪽을 가로, 세로, 또는 모로 엇맞추어 붙이고 실을 매어서 만든다고 하였습니다(⑤).

5 꼭지연은 연의 이마 가운데에 둥근 달 모양의 색종이를 붙인 것이라고 하였습니다. 동이연은 연의 머리나 허리에 색종이를 붙이거나 색깔을 칠하여 동인 것이라고 하였습니다. 반달연은 연의 이마 가운데에 반달 모양의 색종이를 붙인 것이라고 하였습니다. 치마연은 연의 윗부분은 희고 밑부분은 색깔이 다양한 것이라고 하였습니다.

재미있는 어휘 놀이터

◉ 사다리를 타고 내려가 민속놀이의 종류와 그 뜻을 확인해 보세요.

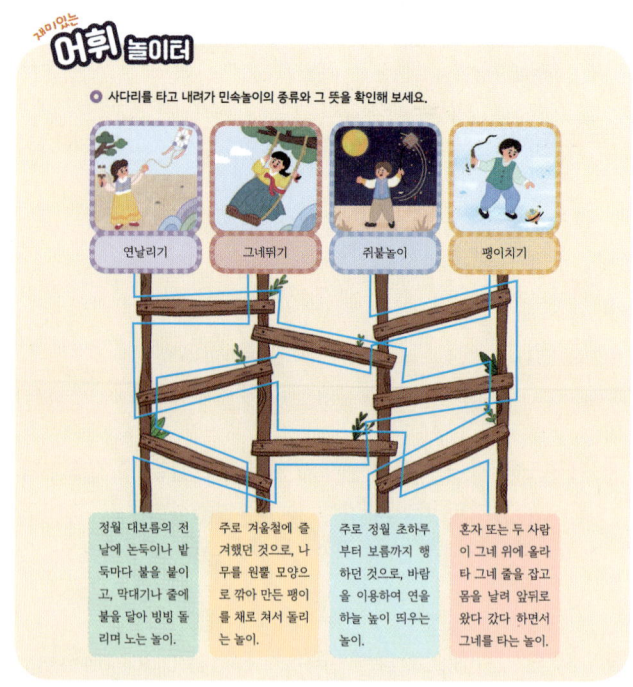

연날리기　그네뛰기　쥐불놀이　팽이치기

정월 대보름의 전날에 논둑이나 밭둑마다 불을 붙이고, 막대기나 줄에 불을 달아 빙빙 돌리며 노는 놀이.

주로 겨울철에 즐겼던 것으로, 나무를 원뿔 모양으로 깎아 만든 팽이를 채로 쳐서 돌리는 놀이.

주로 정월 초하루부터 보름까지 행하던 것으로, 바람을 이용하여 연을 하늘 높이 띄우는 놀이.

혼자 또는 두 사람이 그네 위에 올라타 그네 줄을 잡고 몸을 날려 앞뒤로 왔다 갔다 하면서 그네를 타는 놀이.

민속놀이인 연날리기, 그네뛰기, 쥐불놀이, 팽이치기에 대하여 각각 설명하고 있습니다.

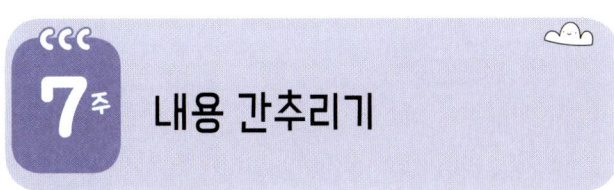

7주 내용 간추리기

🥜 악기, 현

1 ✌️ (1) ○   🖐️ ╳

  🖐️ (1) 민속놀이 (2) 공예품

2 ☝️ 지구 온난화를 막는 방법

  ✌️ 유정   🖐️ ( ), (○)

1

✌️ 전통문화 체험관으로 현장 체험 학습을 간 소희는 마당에서 친구들과 긴 줄넘기, 비사치기와 같은 민속놀이를 하였습니다. 그리고 다음에는 체험관으로 들어가서 자신이 원하는 전통 공예품 만들기를 하였다고 했습니다.

2

🖐️ 이 글에서 지구 온난화를 막는 방법에 대해서는 설명하지 않았습니다.

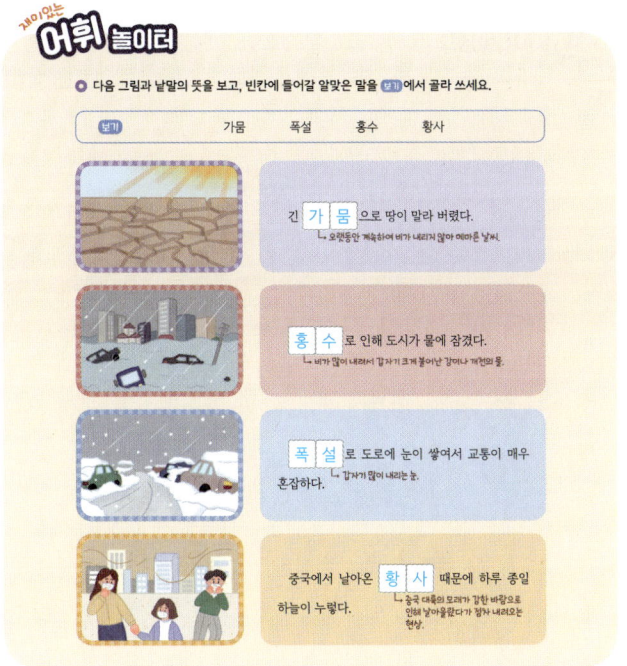

7주 2일

1 곰, 죽은, 위험한, 도망치는, 부끄러워

2 ②   **3** (○), (   )

4 선화   **5** ⑤

6 장보고

2 왕위를 노린 사람들이 장보고를 이용하여 왕권을 빼앗았을 뿐, 장보고는 결국 841년 옛 부하였던 염장에게 살해당했다고 하였습니다.

3 장보고는 해적들에게 잡혀 온 신라 사람들의 비참한 생활 모습을 보고 신라로 돌아가 백성들을 편안하게 해 주겠다는 생각을 하였습니다.

4 장보고는 신라로 돌아온 후 지금의 완도에 청해진을 설치하였고, 청해진 대사로 임명되어 당과 일본을 오가며 해적들을 소탕하였다고 했습니다. 그리고 당과 일본과의 무역을 중간에서 이어 주는 해상 무역권을 손에 넣었습니다.

5 841년 장보고는 옛 부하였던 염장에게 살해되었다고 하였습니다.

1 태극, 사괘, 민족성, 자연, 곧, 이, 하늘, 물

2 ④　　　　**3** ( ), (○), ( )

4 ㉢, ㉠, ㉡　　　**5** ⑤

6 종이컵, 순서

2 말하는 종이컵 인형을 만들 때에는 얇은 종이띠가 아니라 두꺼운 종이띠가 필요합니다.

3 이 글은 크게 '준비하기 – 만들기 – 놀이하기'의 세 부분으로 나누어져 있습니다.

4 이 글은 종이컵 인형을 만들기 위한 '준비하기'와 '만들기'(종이컵 자르기, 나무젓가락 고정하기, 종이띠 붙이기, 종이컵 꾸미기), '놀이하기'의 세 부분으로 이루어져 있습니다.

5 ⑤와 같은 재미있는 표현이나 반복되는 표현은 주로 문학 작품에 나타날 수 있습니다. 설명하는 글은 있는 그대로의 내용을 일정한 순서나 체계에 따라 제시하기 때문에 재미있는 표현이나 반복되는 표현을 찾아 가며 읽는 것은 올바른 읽기 방법이 아닙니다.

재미있는 **어휘** 놀이터

◎ 밑줄 친 '긋다'의 뜻으로 알맞은 것을 찾아 선으로 잇고, 아래의 낱말을 따라 쓰세요.

성냥을 긋다.

틀린 문제에 금을 긋다.

중요한 내용에 밑줄 긋다.

금이나 줄을 그리다.

시험 채점에서 빗금을 표시하여 답이 틀림을 나타내다.

성냥이나 끝이 뾰족한 것을 표면에 대고 약간 힘을 주어 움직이다.

┌───┬───┐
│ 긋 │ 다 │ 는 하나의 낱말이지만 여러 가지 뜻을 지니고 있습니다.
└───┴───┘

---

1 ②　　　　**2** (2) ○

3 ②　　　　**4** ④

5 여자　　　**6**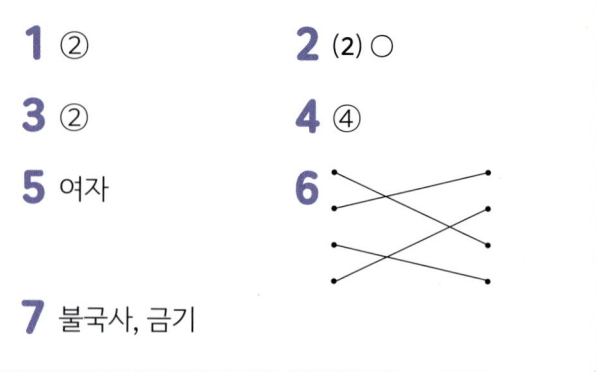

7 불국사, 금기

1 ②는 연희가 선물받은 구슬의 특징입니다. 따라서 연희에게 있었던 일을 시간 순서에 따라 간추릴 때 꼭 필요한 내용이 아닙니다.

2 아사달은 석공으로, 불국사에 돌탑을 만들러 갔다고 했습니다. 즉 석공은 돌을 다루어 물건을 만드는 사람임을 짐작할 수 있으므로, 아사달은 (2)의 '돌을 다루어 조각을 하는 사람'이 알맞습니다.

3 아사달은 불국사의 돌탑을 만들기 위해 아내 아사녀를 백제에 두고 신라로 떠났습니다.

4 아사녀는 아사달이 3년이나 돌아오지 않자, 그리운 남편을 만나러 불국사에 갔습니다.

5 아사녀는 불국사까지 갔지만, 탑이 완성될 때까지는 여자를 들일 수 없다는 금기 때문에 남편을 만나지 못하였습니다.

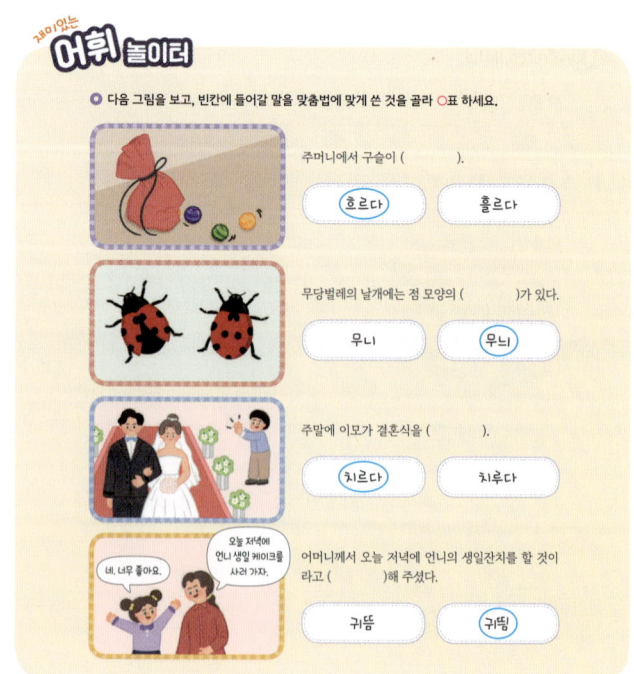

재미있는 **어휘** 놀이터

◎ 다음 그림을 보고, 빈칸에 들어갈 말을 맞춤법에 맞게 쓴 것을 골라 ○표 하세요.

주머니에서 구슬이 ( ).
흐르다 / 흘르다

무당벌레의 날개에는 점 모양의 ( )가 있다.
무니 / 무늬

주말에 이모가 결혼식을 ( ).
치르다 / 치루다

오늘 저녁에 언니 생일 케이크를 사러 가자.
네, 너무 좋아요.

어머니께서 오늘 저녁에 언니의 생일잔치를 할 것이라고 ( )해 주셨다.
귀뜸 / 귀띔

1 소금　　　　**2** ④

3 공업용, 일상생활　　**4** ⑤

5 ③　　　　**6** ④

7 ②, ⑤　　　　**8** 풍속화, 김홍도

3 소금의 세 가지 쓰임이 이 글의 중심 내용입니다. 각 문단의 중심 내용을 찾아 내용을 간추려 쓰세요.

4 김홍도는 스무 살도 되기 전에 나라에서 운영하는 도화서에서 일을 하게 되었으며, 임금의 초상화인 어진을 그리는 화가로 임명되어 영조와 정조의 초상화를 그리기도 했다고 하였습니다. 또한 '집짓기', '대장간', '서당' 등 여러 풍속화를 남겼고, 사도 세자의 넋을 위로하기 위하여 지은 용주사의 후불탱화 그리는 것을 감독하였다고 했습니다.

5 '어진'은 풍속화가 아니라, 임금의 초상화입니다.

6 음영법은 서양에서 새로이 들어온 기법으로, 김홍도의 영향으로 그가 감독하던 용주사 후불탱화에는 이 음영법이 많이 사용되었다고 하였습니다. 따라서 용주사 후불탱화를 그릴 때 김홍도는 그림에 대해 ④ '새로운 기법을 사용해 그림을 그려 봐도 좋겠다.'와 같은 생각을 가지고 있었을 것입니다.

재미있는 어휘 놀이터

● 공통된 한자가 붙는 말을 따라 쓰고, 그 뜻을 알아보세요.

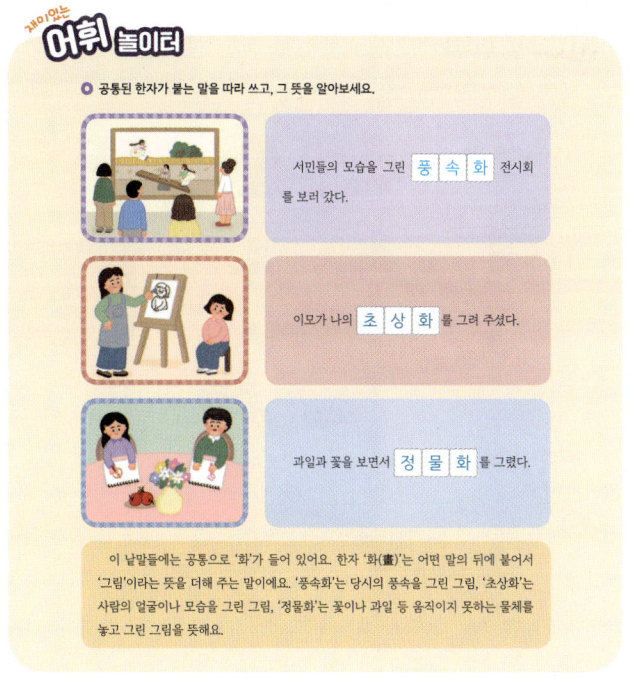

서민들의 모습을 그린 **풍 속 화** 전시회를 보러 갔다.

이모가 나의 **초 상 화** 를 그려 주셨다.

과일과 꽃을 보면서 **정 물 화** 를 그렸다.

이 낱말들에는 공통으로 '화'가 들어 있어요. 한자 '화(畫)'는 어떤 말의 뒤에 붙어서 '그림'이라는 뜻을 더해 주는 말이에요. '풍속화'는 당시의 풍속을 그린 그림, '초상화'는 사람의 얼굴이나 모습을 그린 그림, '정물화'는 꽃이나 과일 등 움직이지 못하는 물체를 놓고 그린 그림을 뜻해요.

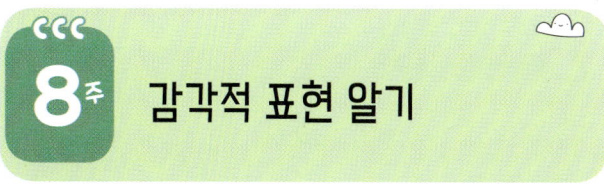

8주 감각적 표현 알기

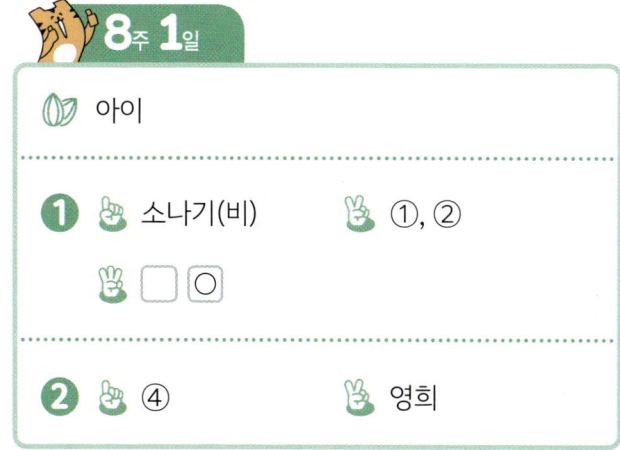

🌰 아이

1 ✌ 소나기(비)　　✌ ①, ②

✌ □ ○

2 ✌ ④　　✌ 영희

1

✌ ㉠ '또로록'은 소나기가 내리는 소리를 표현한 것으로, 소나기가 내리는 모습이 더 생생하고 실감 나게 느껴지는 표현입니다.

2

✌ 글의 내용을 생생하고 실감 나게 표현한 것은 **나** 입니다. **나** 의 "휘이익, 휘익- 휘이익-", "쉭- 쉬쉬쉬쉭쉭", "아, 아, 아야야야, 아, 아"는 비바람이 몰아치는 날 바람이 불고, 나무가 흔들리는 소리를 표현하였고, '쿵쾅쿵쾅'은 심장이 뛰는 소리를 표현하고 있습니다.

재미있는 어휘 놀이터

● 다음 그림을 보고, 빈칸에 들어갈 알맞은 말을 골라 ○표 하세요.

동전이 ( ) 굴러갔다.
까무룩　　**또르르**

큰 개를 보자 무서워서 심장이 ( ) 뛰었다.
쿵쾅쿵쾅　　키득키득

김치찌개가 ( ) 끓는다.
아삭아삭　　**보글보글**

손을 비누로 ( ) 깨끗하게 닦았다.
뽀드득　　포르르

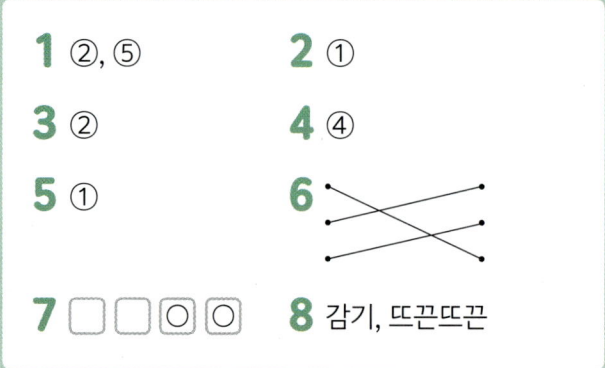

8주 2일

1 ②, ⑤　　2 ①

3 ②　　4 ④

5 ①　　6 （선 잇기）

7 □ □ ○ ○　　8 감기, 뜨끈뜨끈

1 이 시의 1연과 2연에서 강아지풀의 모습을 감각적으로 표현하였습니다.

3 이 시의 말하는 이는 감기에 걸려 열도 나고 춥고 떨리는 상태로 힘들어하고 있습니다.

5 '오들오들'은 춥거나 무서워서 몸을 계속 심하게 떠는 모습을 흉내 내는 말입니다.

6 이 시에서는 몸에서 몹시 열이 나는 상태를 '불덩이가 들어왔다. / – 뜨끈뜨끈.'으로, 약을 먹은 뒤 몸이 무거워져 움직임이 느려진 상태를 '느릿느릿, / 거북이도 들어오고'로, 약을 먹은 뒤에 몹시 졸린 상태를 '까무룩, / 잠꾸러기도 들어왔다.'라고 표현하였습니다. 이렇게 감각적 표현을 쓰면 말하는 이의 상태를 더욱 실감 나고 생생하게 표현할 수 있습니다.

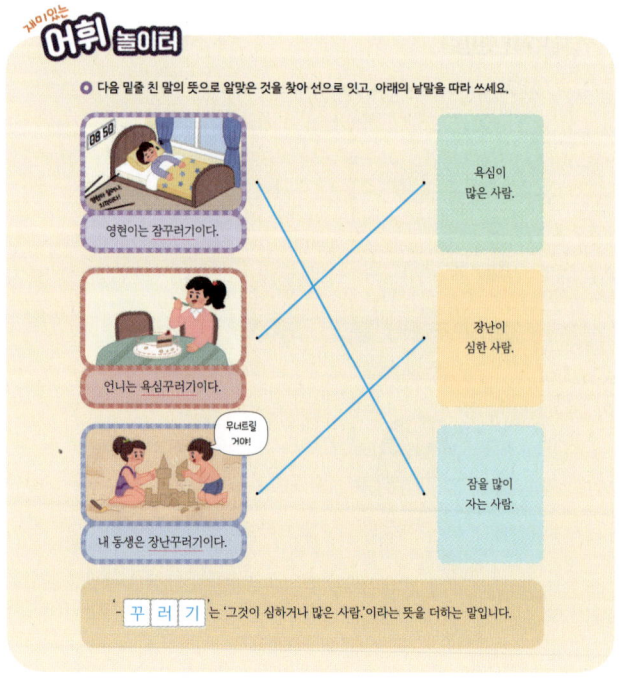

재미있는 어휘 놀이터

다음 밑줄 친 말의 뜻으로 알맞은 것을 찾아 선으로 잇고, 아래의 낱말을 따라 쓰세요.

영현이는 잠꾸러기이다.

언니는 욕심꾸러기이다.

내 동생은 장난꾸러기이다.

욕심이 많은 사람.

장난이 심한 사람.

잠을 많이 자는 사람.

무너트릴 거야!

꾸 러 기 는 '그것이 심하거나 많은 사람.'이라는 뜻을 더하는 말입니다.

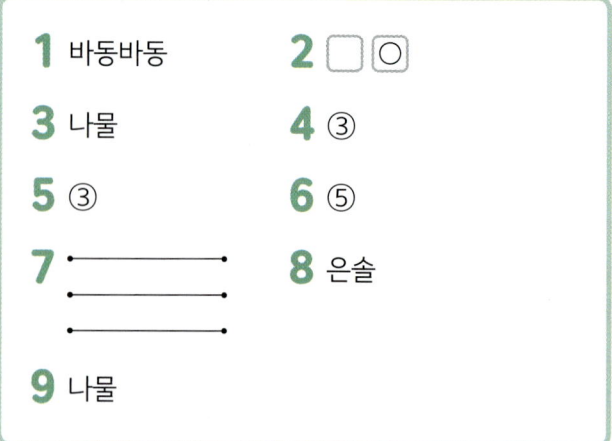

8주 3일

1 바동바동　　2 □ ○

3 나물　　4 ③

5 ③　　6 ⑤

7 （선 잇기）　　8 은솔

9 나물

2 빗대어 표현하기 위해서는 두 대상 간에 비슷한 점이 있어야 합니다. 아기 고래가 물을 뿜듯이 동생도 울음을 내뿜는 것이 서로 비슷합니다.

3 이 노랫말은 여러 가지 종류의 나물에 대한 내용입니다.

4 이 노랫말에서 '쑥쑥 뽑아 쑥 나물'이라고 하였으므로, 알맞게 말한 사람은 은지입니다.

5 나물의 이름 중 '나리'가 들어가는 낱말은 '미나리'입니다.

6 '질겅질겅'은 '질긴 물건을 거칠게 자꾸 씹는 모양.'을 나타내므로, ⑤의 '몹시 질기고 잘 끊어지지 않는 느낌'이 알맞습니다.

8 콩나물의 이름과 감각적 표현이 서로 비슷한 점이 있게 지어야 합니다.

재미있는 어휘 놀이터

사다리를 타고 내려가 나물의 이름을 확인해 보세요.

냉이　　고사리　　쑥　　달래

1 ①　　**2** ②

3 ②　　**4** ②

5 짭조름하고 고소한　**6**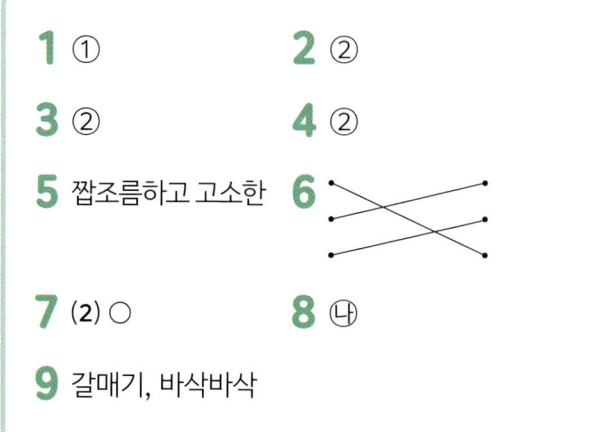

7 (2) ○　　**8** ㉯

9 갈매기, 바삭바삭

3 '나'는 큰 바위섬에 살면서 물고기 잡아먹는 것을 좋아했던 갈매기입니다.

4 ㉠"뿌우우우우웅!"은 뱃고동 소리를 감각적으로 표현한 것입니다.

5 갈매기는 처음 맛본 바삭바삭의 짭조름하고 고소한 냄새에 코끝이 찡했다고 하였습니다.

6 "쿵짝 뿡짝 띠리리라라."는 큰 배에서 나는 음악 소리를, "툭툭! 바스락!"은 갈매기가 무언가를 쪼는 모습과 소리를, "와그작. / 바삭! 바삭!"은 갈매기가 바삭바삭을 깨물 때 나는 소리를 표현한 것입니다.

8 소리나 모양, 움직임 등의 흉내 내는 말을 사용하는 감각적 표현은 직접 보고 듣고 맛보는 것처럼 실감 나게 해 주는 효과가 있습니다.

재미있는 **어휘 놀이터**

◑ 다음 그림을 보고, 문장에 어울리는 말을 골라 ○표 하세요.

1 (1) ○　　**2** ⑤

3 ③　　**4** ④

5 ④　　**6** 라온

7 ③　　**8** 홍시

2 '나'는 줄넘기 소리가 들리자 친구들과 함께 줄넘기를 하고 싶은 마음이 들었습니다.

3 빨갛게 잘 익은 홍시가 눈에 보이는 것처럼 생생하게 표현한 시입니다.

5 홍시는 통통하고 말랑말랑하게 익어 있고 참새와 아기바람도 지나쳐 간 것으로 보아 잘 익은 홍시가 나무에 탐스럽게 매달려 있다고 이해한 ④가 알맞습니다.

6 '쪽쪽'과 같은 감각적 표현을 넣어 읽으면 더욱 생생하고 실감 나게 읽을 수 있습니다.

7 홍시를 톡 건드리면 햇살이 쏟아질 것 같고, 노을이 흘러내릴 것 같다고 표현하였으므로 '굵은 물줄기 등이 빠르게 흘러내리는 소리. 또는 그 모양.'을 감각적으로 나타낸 '쭈르르'가 들어가기에 가장 알맞습니다.

재미있는 **어휘 놀이터**

◑ 다음 그림을 보고, 밑줄 친 관용 표현의 알맞은 뜻을 찾아 선으로 이으세요.

메모

메모

○ 하루 한장 독해 3단계 제재 출처

일차	제재명	지은이	출처
1주 1일 - 2쪽	젖니를 다루는 방법	셀비 빌러 글, 공경희 옮김	『이가 빠지면 지붕 위로 던져요』, 북뱅크, 2007.
1주 2일 - 2쪽	플랑크톤이란	김종문	『플랑크톤의 비밀』, 예림당, 2015.
1주 4일 - 2쪽	노력만큼 크는 키	박미정	『노력만큼 크는 키』, 동아일보사, 2006.
1주 5일 - 1쪽	동물도감	남상호 외	『세밀화로 그린 보리 어린이 동물도감』, 보리, 1998.
1주 5일 - 2쪽	한옥	전지은	『대한민국 어린이라면 꼭 알아야 할 우리 문화 100』, 예림당, 2007.
3주 2일 - 2쪽	공주를 구한 삼 형제	세상모든책 편집부	『초등학생을 위한 탈무드 111가지』, 세상모든책, 2004.
3주 4일 - 1쪽	조선 시대 명재상 황희	임복근	『황희』, 비룡소, 2005.
4주 1일 - 3쪽	까막나라에서 온 삽사리	정승각	『까막나라에서 온 삽사리』, 초방책방, 2004.
4주 2일 - 1쪽	달걀 열두 개로 한 축하	최래옥 엮음	『십 년을 참아서 복 받은 사람』, 창비, 1983.
4주 4일 - 2쪽	장영실	위인전편찬위원회	『조선 시대 위인 사전』, 자유지성사, 1999.
5주 3일 - 1쪽	동물이 내는 소리	문희숙	『맛있는 과학-6. 소리와 파동-』, 주니어김영사, 2011.
5주 4일 - 2쪽	우주에서 음식을 먹는 방법	크리스틴 사니에 글, 장석훈 옮김	『우주는 신기해』, 아이세움, 2004.
6주 2일 - 2쪽	백일홍	전의식 외	『세밀화로 그린 보리 어린이 식물도감』, 보리, 1997.
6주 4일 - 2쪽	민화	장세현	『한눈에 반한 우리 미술관』, ㈜사계절출판사, 2012.
6주 4일 - 2쪽	그림 (「운포필호도」)		국립중앙박물관
6주 5일 - 1쪽	두루미	국립생물자원관	『우리가 잘 몰랐던 신기한 생물 이야기』, 찰리북, 2015.
7주 2일 - 2쪽	장보고	김소천	『역사 속의 한국인 100』, 바른사, 1998.
7주 3일 - 2쪽	말하는 종이컵 인형 만들기	김충원	『신나게 만들어 보자』, 진선출판사, 2000.
7주 5일 - 2쪽	풍속화의 대가 김홍도	김용란	『국사편찬위원회가 뽑은 한국 역사 인물 100인』, 지경사, 2000.
8주 1일 - 2쪽	소나기	오순택	『꽃 발걸음 소리』, 아침마중, 2016.
8주 2일 - 1쪽	강아지풀	강현호	『바람의 보물찾기』, 청개구리, 2011.
8주 2일 - 2쪽	감기	정유경	『까불고 싶은 날』, ㈜창비, 2010.
8주 3일 - 1쪽	아기 고래	김륭	『삐뽀삐뽀 눈물이 달려온다』, 문학동네어린이, 2012.
8주 4일 - 1쪽	공을 차다가	이정환	『어쩌면 저기 저 나무에만 둥지를 틀었을까』, 푸른책들, 2011.
8주 4일 - 2쪽	바삭바삭 갈매기	전민걸	『바삭바삭 갈매기』, 한림출판사, 2014.
8주 5일 - 2쪽	홍시	김종영	『사랑의 아이』, 설악출판사, 2000.

하루의 학습이 끝날 때마다
붙임딱지를 골라 붙여 쿠키 상자를 꾸며 보세요.